나의 천국과 지옥의 여정 1

My Voyage to Heaven and Hell 1

첫 번째 이야기

1st Volume

나의 천국과 지옥의 여정 1

My Voyage to Heaven and Hell 1

첫 번째 이야기

1st Volume

홍혜선 헬레나 지음

Hae Sun Hong aka Helena

www.bookstandpublishing.com

Published by

Bookstand Publishing

Morgan Hill, CA   95037

4055_3

ISBN 978-1-61863-711-6

Printed in the United States of America

iv

기독교 성도들과 가톨릭 신자들, 그리고 모두를 위해서.

For Protestant Christians, Catholic Christians and For All.

차례 (Contents)

책 머리에

"하나님이여 사슴이 시냇물을 찾기에 갈급함 같이
내 영혼이 주를 찾기에 갈급하나이다.
내 영혼이 하나님 곧 살아 계시는 하나님을
갈망하나니
내가 어느 때에 나아가서 하나님의 얼굴을 뵈올까.
사람들이 종일 내게 하는 말이
네 하나님이 어디 있느뇨 하오니
내 눈물이 주야로 내 음식이 되었도다"
(시편 42:1-3).

내가 이 세상에 살면서 내가 그려왔던 인생의 그림들이
또 하나의 우상인 것을 깨달았을 때, 저는 밤낮으로 눈물을
흘리면서 기도했습니다.

'주님, 사슴이 시냇물을 찾기에 갈급하듯이 내 영혼이
주님을 애타게 찾습니다. 오 하나님, 제발 주님 한 분 만으로
행복하게 해 주세요. 영적으로 주님과 하나가 되게 하여
주시옵소서.' 그렇게 밤 낮을 눈물로 기도한 후 약 사 개월
후에, 미국 로스 엔젤레스와 샌프란시스코, 그리고 텍사스에서
열린 어느 집회에 가서 천국과 지옥을 다른 예언자들이나
목사님들처럼 입신해서 천국과 지옥을 경험하게 되었습니다.
전에는 꿈에서만 몇 번씩 천국을 경험 했었는데 지금은 제가
기도 할 때 예수님께서 직접 오셔서 천사들의 안내로, 때로는
주님께서 가르쳐 주신대로 '사랑, 사랑, 사랑, 예수님, 만나고
싶어요' 라고 기도하면, 주님께서 천국과 지옥을 입신하여
보게 하여 주십니다.

．처음에는 천국이 너무나 아름답고 완벽하여 이곳에 돌아오기가 싫을 정도였으나, 이제는 천국과 지옥을 더 다녀오면서 거룩한 부담감에 더 많은 영혼들이 지옥이 아닌 천국에 갈 수 있겠금 기도 해야 하고, 전도하고, 또한 인간의 몸 안으로, 생각 안으로 들어와 하나님이 인간에게 주신 축복을 못 누리게 속이는 마귀와 귀신들을 예수 그리스도의 이름으로 명령하여서 성령의 불로 태워 없애야 한다는 영적인 군사로서의 의무감이 제 마음에 자리하게 되었습니다.

처음에 '입신'이라는 표현은 저에게 매우 신기하게 들렸는데 2010년 12월 21일부터 2013년 6월15일까지 총 약 800번 이상 천국과 지옥을 다녀오면서 알게 된 것은, 사도 바울이 셋째 하늘에 다녀온 그 경험과 '입신'이라는 표현이 똑같습니다.

"무익하나마 내가 부득불 자랑하노니 주의 환상과 계시를 말하리라. 내가 그리스도 안에 있는 한 사람을 아노니 그는 십사년 전에 셋째 하늘에 이끌려 간 자라. (그가 몸안에 있었는지 몸 밖에 있었는지 나는 모르거니와 하나님은 아시느니라). 내가 이런 사람을 아노니 (그가 몸 안에 있었는지 몸 밖에 있었는지 나는 모르거니와 하나님은 아시느니라). 그가 낙원으로 이끌려 가서 말로 표현할 수 없는 말을 들었으니 사람이 가히 이르지 못할 말이로다."

(고린도 후서 12장 1절-4절)

저의 영은 주님과 천국에서 믿음의 조상들이나 성경 안에 있는 인물들, 또는 낙태 수술로 인해서 엄마 배속에서 죽은 아이들이 엄마가 천국으로 오든지 아님 천국에 오는 다른 여성들이 맡아서 함께 살기를 기다리는 아이들을 만나기도 하고 함께 유원지도 가고, 먹기도 하고 마시기도

하고 있는데, 저의 혼과 육체는 이 곳 지구상에서 있는 것이 신기했습니다. 저의 혼과 육은 제가 입신 중에 있을 때 제 주위에서 누가 말하는 것도 들을 수 있었습니다. 그러나 입신 중의 저의 육체는 피가 모자라는 사람처럼 시간이 경과할 수록 몸이 굳어져갔습니다. 영과 혼과 육의 관계는 정말이지 신비롭고 사도 바울의 표현대로 '나는 모르거니와 하나님은 아시느니라' 였습니다.

천국과 지옥에 다녀오면서 제가 감사한 것은 사람을 용서할 수 밖에 없게 된 것입니다. 왜냐하면 우리가 그 어느 누구의 잘못을 용서하지 않으면, 사랑하지 않으면, 많은 하나님의 일을 한 것과는 상관 없이 지옥으로 보내지기 때문입니다.

지옥은 우리가 상상하는 것보다 훨씬 더, 받는 형벌에 대해서 너무나도 무섭고도 자세하게 짜여져 있었으며, 왠만한 호러 무비(무서운 영화)는 '저리가라'입니다. 반대로 천국은 우리가 예상하는 것 보다 억만배 이상으로 평화스럽고 사랑만이 있으며 아름다웠습니다. 이곳에서 하나님의 일을 얼마나 겸손하게 하며 얼마나 많은 사람들을 사랑했느냐에 따라서 갖가지 보석으로 만들어진 궁전이나 집들이 달랐는데, 상상할 수 없을 정도로 훌륭했습니다. 그러나 주의 일을 하면서도 이 시대에 성령의 역사-지혜의 말씀의 은사, 지식의 말씀의 은사, 방언 은사, 예언의 은사, 통변의 은사, 병을 고치는 은사, 능력 행함의 은사, 환상, 계시등-을 인정하지 않는 자들에게는 무시무시한 형벌이 기다리고 있었습니다.

저 같은 작은 죄인에게 우리의 본향인 저 하늘 나라와, 작은 죄라도 회개하지 않으면 떨어져 버리고야 마는 저 지옥까지 방문 할 수 있게 티켓을 주신 하나님 아버지께

무한한 영광과 찬미와 감사를 올립니다. 그리고 저의 가족과 미국과 전 세계에 있는 성령 불 사역자들에게도 감사를 드리며, 전세계에 계신 기도 파수꾼들과 선교사님들, 목사님들, 그리고 이 책을 읽으시는 여러분 모두가 진심으로 낱낱이, 매일매일 회개하고, 사랑의 사람이 되어서 천국에서 함께 영원히 주님을 찬양하길 기도합니다. 아멘.

"천국은 우리를 위하여 준비되었습니다."

"사랑은 오래 참고

사랑은 온유하며 시기하지 아니하며

사랑은 자랑하지 아니하며 교만하지 아니하며 무례히 행하지 아니하며

자기의 유익을 구하지 아니하며 성내지 아니하며 악한 것을 생각하지 아니하며 불의를 기뻐하지 아니하며 진리와 함께 기뻐하고

모든 것을 참으며 모든 것을 믿으며 모든 것을 바라며 모든 것을 견디느니라.

사랑은 언제까지나 떨어지지 아니하되 예언도 폐하고 방언도 그치고 지식도 폐하리라.

우리가 지금은 거울로 보는 것 같이 희미하나 그 때에는 얼굴과 얼굴을 대하여 볼 것이요 지금은 내가 부분적으로 아나 그 때에는 주께서 나를 아신 것 같이 내가 온전히 알리라.

그런즉 믿음, 소망, 사랑, 이 세가지는 항상 있을 것인데 그 중의 제일은 사랑이라."

(고린도전서 13장 4절-8절, 12절-13절)

1. 천국은 두려워할 곳이 아니라 사모할 곳이다. 그리고, 재미있는 곳이다.

예수님께서 제가 천국과 지옥에서 보고 주님께 들은 것들을 책으로 써내라고-제목도, 또 몇 권까지 쓰라고도 알려주셨는데요-명령하지 않으셨다면, 전 아마 지금도 주님을 만나기 위하여, 천국 구경을 더하기 위하여 입신 준비를 하고 있을 것입니다. 왜냐하면 천국은 가도가도 또 가고 싶고, 또 예수님은 뵙고 뵈어도 또 만나 뵙고 싶은 분이시기 때문입니다.

영어에 이런 표현이 있지요? 오! 마이 갓! Oh! My God! 정말이지 천국은 한마디로 '오! 마이 갓!'입니다. 어찌 그리 아름다울까요? 캬_____진짜, 다른 천국 체험 간증자들 (E 사모님, H 사모님, HJ 권사님, S 사모님, I 목사님, S 전도사님, SJ 집사님, K 목사님, 사모님 등등) 도 그랬지만, 한번 갔다하면 다시 오고 싶지 않은 그런 낙원 중의 낙원 이라면 실감이 나실까요?

제가 한번은 B 목사님께, "목사님, 저, 천국에 갔다가 여기 안 와도 되는데요. 거기에 갔다가 그냥 거기서 살면 안될까요?" 하고 말씀 드리니까, B 목사님 왈, "헬레나가 입신 했다가 영이 이곳으로 돌아오지 않으면, 내가 살인자가 되잖아!?" 하셨습니다. "아……., 그게 그렇게 되나요? 그렇군요……헤헤…"

먼저, 천사들이 저를 데리러 올 때는-처음에는 천사가 한 명이었는데 이제는 마귀와 졸개 귀신들이 천국 가는 길에서 욕하면서 공격하며 방해하는 터라, 지금은 어느새 셀 수 없는 천사팀이 되었습니다- 보석 꽃마차를 가지고 옵니다.

신데렐라 동화 이야기에 나오는 모양의 마차인데 바탕은 황금이고 그 위에 다이야몬드, 루비, 진주, 파란 사파이어, 에메랄드, 아쿠아머린, 분홍색 사파이어, 자수정 등등이 큰 꽃 무늬와 잎 모양에 다다다닥 박혀 있더라고요. 네? 성경에 그런 보석 마차 이야기가 어디에 나오냐고요? 맞습니다. 성경에 저도 보석 꽃마차를 설명해 놓은 곳을 못 봤는데요. 그런데, 어쩌지요? 성경에는 자살하면 지옥에 간다고 자세히 써있지 않은데 저와 다른 분들, 즉 지옥에 갔다오신 분들이 봤는데, 유명한 연애인들, 또는 정치인 중에 자살한 사람들은 슬프지만 다 지옥에 가 있습니다. 저도 왕년에 마귀의 유혹에 넘어가서 자살을 두 번이나 시도한 적이 　　　있었는데요, 　　　만약 　　　그때 　　　제가 　　　자살로 죽었더라면………..으악＿＿＿＿＿! 　　생각하고 　　싶지도 않습니다.

　　　여러분, 지옥에 안 가보셨죠? 자살한 사람들은 자살한 방법 그대로 계속 반복하여 계속 죽고 있었어요. 예수님을 믿었던 사람이라도 자살을 하면 지옥에서 무시무시한 고통을 받고 있더라 구요! 예를 들어, 절벽에서 떨어져서 자살한 어떤 사람은요 '떨어질까 말까, 떨어질까 말까' 하면서 절벽 위에서 고민하다가 "에잇!" 하고 떨어지다가 머리가 절벽에 붙어있는 튀어나온 바위에 부딪치고 "으악＿!" 소리를 내며 머리에는 피가 철철철 흘렀고, 그리고는 땅에 쓰러지더니 다시 살아나서는 그 똑같은 것을 반복했습니다.

　　　중요한 것은 오감(시각, 후각, 청각, 촉각, 미각)이 다 지옥에서는 살아 있다는 거지요. 　　그런데 이런 것도 성경에 나오지 않았잖아요? 자살은 절대 절대 금지! 자살한 사람은 예수님을 영접했어도 무조건 지옥행인 것을 보았습니다.

입신해서 주님을 만났을 때, 주님께서 저에게 말씀해 주셨습니다.

"너희들은 성경에 쓰여져 있지 않은 많은 것을 모르고 있단다."

지옥에 관해서는 자세하게 뒤에서 설명하기로 하겠습니다.

계속해서 호화 찬란한 개인용 보석 꽃마차 애기를 해 볼까요?

물론 예수님께서 급하실 때는 기도 중에 마차 없이도 데리고 가시기도 합니다만, 어쨌든 한 나라의 여왕이나 영부인도 타보지 못했을 각종 커다란 보석으로 박힌 마차를 주님은 하나님의 자녀들을 위해 마련해 놓으셨더라고요.

그 마차는 하얀 빛나는 두 마리의 말이 끌었습니다. 그렇게 예쁘고 착하게 생긴 말들은 처음 봤습니다. 빛의 속도와 같이 천국의 황금문 앞에까지 가는데는 1초? 2초? 정도의 짧은 시간이 걸리는데, 만약에 중간에 마귀들이 까부는 경우에는 저의 어른 수호 천사들이 성령의 불칼과 불화살, 불창, 불폭탄 그리고 불밧줄로 마귀들을 저 밑으로 넘어뜨리는데, 주의 천사들의 용맹함과 실력들은 대단합니다. 한방에 마귀들을 없애는데 아주 멋있고 용맹스러운 주의 천사단입니다. 마치 소년 다윗이 블레셋 사람 (골리앗)의 이마에 돌 하나를 물매로 마쳐서 이긴 것처럼 (사무엘상 17:49), 주의 천사 군대들은 정확하며 흑암 세력에 대하여 두려움이 없습니다. 그리고 그들은 저를 데리러 오거나 제가 다른 성령 불사역자들과 축사(마귀나 귀신, 악영들을 내쫓는 사역이나 기도) 할 때에 옆에서 함께 싸워줍니다.

그들의 이름은 만난 순서대로, 천사 나니엘, 나나 (소년 천사), 장동건 (한국 남자 배우 장동건씨와 너무 닮아서 그렇게 이름 붙여 주었지요), 미스터 솔져 (Mr. Soldier), 멋쟁이 1, 멋쟁이 2, 아나, 바나, 카나, 다나, 에나, 파나, 가나, 하나, 아이나, 자나, 케나, 라나, 마나, 나나 2, ………나머지 이름들은 제가 천국에서 계속해서 살 때 이름을 지어 드리기로 했지요.

그런데, 놀라운 것은 천국에는 나무들이나 꽃들이 다 보석으로 되어있고 말들을 한다는 것입니다. 그리고 이 곳 지상에서 일어나는 일들을 다 알고 있었고, 언제나 "하나님께 영광, 사랑____하이(안녕)! 헬레나!"하고 노래합니다. 그런데 그것이 알고 보니 성경에도 나와있더라고요.

"여호아께서 이 일을 행하셨으니 하늘아 노래할지어다. 땅의 깊은 곳들아 높이 부를지어다. 산들아 숲과 그 가운데의 모든 나무들아 소리내어 노래할지어다. 여호아께서 야곱을 구속하셨으니 이스라엘 중에 자기의 영광을 나타내실 것임이로다." (이사야서 44장 23절)

전에 천국 구경을 본격적으로 못했을 때에 위의 귀절을 읽었을 때는 그냥 '시적으로 썼나보다'했는데, 정말로 천국에서 나무들과 꽃들이 소리내어 말하며 노래하며 하나님을 찬양했습니다. 그래서 성경의 말씀이 하나님의 말씀인데 그대로 믿지 않은 것에 대해서 회개하는 마음에 금식까지 했다니까요. 겨우 하루 금식이었지만.

그리고는 천사들이 드레스실로 안내하고 어떠한 디자인이던 원하는대로 입을 수 있으며 항상 다이아몬드나 노란 다이아, 루비, 에메랄드등 보석들이 박혀있는 롱 드레스가 약 천벌 쯤 걸려있습니다. 거기서 마음에 드는 것을 입고, 머리에는 드레스의 구색에 맞추어서 틀어 올린 머리칼에는 다이아몬드나 진주로 된 왕관 장식도 하고요 귀걸이 보석도 하고서는 드레스실 안에 있는 커다란 황금 거울에 비추어보는데…..야…. 딱 20살 정도의 애띤 모습에 화장을 하지 않았는데도 완벽하게 예뻐 보이는 것이 기분이 끝내줍니다. 우리 여자들은 우리의 모습이 아름다워 보일 때 왜, 행복함이나 나르시즘 같은 것을 느끼잖아요? 다 준비될 때까지도 천사들은 저의 시중을 들어줍니다. 그리고는 마치 온 세계의 곳곳에서 가장 멋있고 화려한 드레스를 입고서는 최고의 왕자님과 무도회에 참여하기 위하여 준비한 공주들처럼 마음새를 가다듬고 천국의 연회장에 들어갑니다. 역시 아리따운 신부가 최고의 모습으로 나를 만들어 주신 최고의 남편을, 신랑을 맞이하러 가는 것이죠.

"이는 너를 지으신 이가 네 남편이시라. 그의 이름은 만군의 여호와시며 네 구속자는 이스라엘의 거룩한 이시라. 그는 온 땅의 하나님이라 일컬음을 받으실 것이라." (이사야 54:5)

예수님과 연회장에서 왈츠 같은 춤도 추고 발레도 추고, 때로는 탱고 춤도 주님과 시도해 본답니다.

천국의 연회장에는 보통 피아노 크기의 한 열배 정도 되는 황금 피아노에 얼굴과 다리와 팔 모두가 통통한 날개가 달린, 약간 곱슬머리의 아기 천사들이 그 건반 위를 웃으면서 날아다니며 건반 위에서 점프하면서 치고요, 백금이나 황금으로 제작된 하아프나 첼로, 피리, 나팔, 호른, 바이올린 등을 어른 천사들과 아기 천사들이 함께 연주합니다. 특히 아기 천사들의 볼따구니는 너무도 통통해서 한번 손가락으로 살짝 찔러보고 싶을 정도로 귀여워요.

그런데 여기서 놀라운 것은 예수님은 우리가 생각하는 것보다 훨씬 더 친근하시고, 우리와 때로는 가까운 친구처럼 얘기하고 싶어하시고 함께 즐거움을 나누고 싶어하시는 것을 알게 되었어요. 물론 주님은 거룩하신 우리들의 구세주이신데 동시에 사랑의, 격 없는 하나님이시기도 한다는 것을 느꼈습니다.

"이제부터는 너희를 종이라 하지 아니하리니 종은 주인이 하는 것을 알지 못함이라. 너희를 친구라 하였노니 내가 내 아버지께 들은 것을 다 너희에게 알게 하였음이라." (요한복음 15:15)

저는 약 8년 전에 로마 가톨릭 (천주교)에서 기독교로 개종했기 때문에 약간 조용하고 거룩한 분위기에 익숙했거든요. 그런데 얼마 전부터 하나님의 은혜로 제가 산 영안이 열려서 예수님께서 보좌에 앉아계시는 모습이나 우리의 일상 생활에서 함께 해 주시는 모습, 그리고 애기 천사들, 어른 천사들이나 때로는 마귀들을 볼 수 있게 되었어요.

우리는 남들이 나를 어떻게 생각할까 의식하면서 예배를 드릴 때가 많은데, 주님은 너무나 자유롭게 진심으로 예배를 기뻐하시고 찬양을 즐겨 받으시는 것을 보고는, 한편, 반성했습니다. '우리는 주님보다 훨씬 덜 솔직하고 뭔가에, 형식에, 남들의 시선에 묶여있구나' 하고 말이지요.

연회장에서는 춤만 추는 것이 아니라 황금으로된 테이블과 의자에 앉아서 때로는 크리스탈 잔이나, 때로는 황금 잔에 역시 파란 사파이어나 루비, 다른 보석들이 박힌 잔에 여러 종류의 과일 주스를 마십니다. 주스의 맛과 색은 그때마다 다른데 어떤 주스는 흐린 투명한 노란색에 맛은 바나나, 귤, 망고 같은 달콤함 조금에 약간 레몬 보다 훨씬 약한 새콤함, 그리고 가짜 말고 진짜 꿀맛 조금에, 갈증이 나지 않는 시원함이 합해진 맛이고요, 어떤 주스는 예쁜 투명한 하늘색인데 시원함과 동시에 심정이 안정이 되는 느낌을 줍니다.

주님과 건배를 할 때는 언제나 "사랑" 하고 잔을 부딪힙니다. 저는 주님께서 좋아하신다는 노란 작은 과일을 황금 문 안의 길가에 있는 꽃들과 과일들이 담뿍 심겨진 곳에서 예수님을 위해서 따다가 드린답니다. 모두가 주님 것이지만, 천국을 방문하고 떠나올 때는 주님도 역시 한국사람처럼 인심이 후하셔서 매번 선물을 제게 주시거든요- 예를 들면, 한번도 껴보지 못했던 파아란 빛의 사파이어 반지, 흰 장미꽃 모양의 다이아몬드로 만들어진 화관, 황금 성경책, 황금으로 만든 십자가, 절대로 부러지지도 녹지도 않는 백금의 검, 성령의 불칼, 황금의 방패, 그리고 백금으로 된 투구와 갑옷, 여왕이 입는다는 보석 박힌 빨간 망토, 흰 망토, 그리고 황금에 루비, 에메랄드가 박힌 왕관 등을 주신답니다.

그런데 여러분 그거 아세요? 처음에는 주님께서 저에게 선물해 주시는 것이 보석 반지들이나 팔찌, 보석 면류관이나 제가 원하는 디자인의 수많은 하얀 웨딩 드레스와 각가지 색의 드레스 그리고 다이아몬드로 된 유리 구두, 전에 갖고 싶었던 큰 하얀 보트 등 이었는데요, 시간이 지나면 지날 수록 점점 더 전투용 무기들을 선물로 주시더라고요-성령의 불칼, 불폭탄, 크고 긴 백금의 검, 백금으로 된 투구와 갑옷, 황금의 방패, 제 마음을 알고 명령을 알아차리는 이심전심 날개달린 전투용 하얀 말 등등. 그러니까 마귀들과 잘 싸워서 이기라는

뜻이지요. 주님도 조금씩 저에게 본마음을 들어내시는 것 같아요. ☺

♫♫마귀들과 싸울지라 죄악 벗은 형제여♫♫♫ ♫♫

우리는 영혼 구원과 하늘나라의 확장을 위해서 싸우는 영적인 군사들이니까요.

"그러므로 하나님의 전신갑주를 취하라. 이는 악한 날에 너희가 능히 대적하고 모든 일을 행한 후에 서기 위함이라. 그런즉 서서 진리로 너희 허리 띠를 띠고 의의 호심경을 붙이고 평안의 복음이 준비한 것으로 신을 신고 모든 것 위에 믿음의 방패를 가지고 이로써 능히 악한 자의 모든 불화살을 소멸하고 구원의 투구와 성령의 검 곧 하나님의 말씀을 가지라." (에베소서 6:13-17)

제가 워낙 간식을 좋아하는 것을 주님도 천사들도 알아서인지, 하늘색 떡 같은 것 안에 노오란 투명한 알들이 담뿍 담긴 다과와 분홍색 장미 모양으로 된 크림 타입의 작은 디저트 등을 황금 접시에 담아서 천사들이 대접해 줍니다. 처음에는 안 그랬는데, 이제는 천국에 방문하면 할 수록 황금문 입구 안에서부터 천사들이 하나님을 찬미하는 음악 연주와 함께, 환대해 줄 때와, 연회장에서 주님과 생명과일 주스를 마시면서 대화를 나눌 때 대접해 주며 시중들어 줍니다. 그리고 갈아입을 드레스 몇 가지도 아예 가지고 나와주더라고요. 천사들은 모두 예의가 바르며 젠틀맨(신사)와도 같은 자상함과 온유함을 지녔습니다.

그리고 치유 주스도 있어요. 제가 목이 약간 쉬고 기침이 나는 적이 있었는데 주님께서 크랜베리 주스색처럼 약간 짙은 빨강의 주스를 주셔서 마셨는데요, 입신이 끝난 다음에 목이 아프지 않았던 경험이 있었어요. 그런데 달라스의

S 전도사님도 목이 아프셨는데 입신 때 주님께서 그 빨간 것을 마시라고 하셔서 마시고 나서는 목이 나았다고 간증했었습니다.

　　그리고 E 사모님이 두 번 째 입신해서 주님과 연회장에 갔을 때, 주님께서 E 사모님에게 "헬레나가 마셨던 과일주스, 너도 먹어볼래?" 라고 물으셔서 마셔보았다고 집회 때 간증했었는데, 저는 알아요. 왜 주님께서 그렇게 물어보셨는지를요. 제가 입신을 몇 번 밖에 안 했던 초기에 '정말로 내가 천국에 다녀온 것 맞지?' 하며 하도 천국에 가서 주님을 만나고 온 것이 신기해서 그렇게 생각한 적이 한번 있었는데, 주님은 E 사모님의 천국 체험을 통해서 저의 쬐그마한 의문의 마음을 풀어주셨습니다. 주님, 죄송해요……. 용서해 주실 거죠?

　　연회장에서는 굉장히 많은 천국의 시민들이 계시더라고요. 그리고 아이스 댄스를 출수 있겠금도 되어있고 관객들이 다 천국의 성인들이지요. 두 번인가 세 번을 주님께서 저에게 아이스 위에서 춤을 여러분들에게 선보이라고 하셔서 추었는데, 마치 옛날부터 제가 아이스 스케이팅을 배운 것처럼 노련한 솜씨로 아이스 댄싱을 선보였지요. 긴 아이보리색의 레이스 드레스에 약 3부짜리 다이아몬드가 여기저기 박힌 의상을 입고서 추면서도 저도 놀랐어요. '내가 김연아 선수도 아니고, 어떻게 이렇게 잘 출 수 있지? 어머 어머, 프로 선수 보다 더 성숙된 안무를 보여 주고 있잖아? 이게 왠 일이야?' 라고 추면서도 제 자신이 감탄했지요. 물론 춤의 내용은 주님을 사랑하는, 주님께 감사를 드리는 내용이었지요. 끝나니까 관객석에 앉아있던 수 많은, 제가 셀 수 없는 천국의 성인들이 박수를 보내주시며

9

제가 좋아하는 유채꽃이나, 흰 장미, 붉은 장미를 던져주셨는데, 처음에는 꽃처럼 보이지만 자세히 보면 다 보석 꽃들이었습니다. 그 보석 꽃들은 다 저를 지켜주는 천사들이 모아다가 저의 두 번째 보석 꽃마차에 다른 주님께로부터 받은 선물들과 함께 소년 천사 나나가 보관해 주고 있지요.

왜 나를 아이스 무대에 올리셨을까? 제가 무대를 좋아하는 것을 주님이 말 없이도 다 알고계시기 때문이라는 것을 압니다. 주님은 우리가 무엇을 좋아하는지, 무엇을 마음 속에 갈망하고 있는지, 무엇이 아쉬웠는지, 무엇이 서글펐는지, 우리의 생각 하나 하나를 죄다 인지하고 계셨으며, 우리를 기쁘게 해주시기 위해서 완벽하게 연구하시고 골똘하게 생각하시는 분이셨습니다. 우리를 사랑하시기 위한 주님의 사역은 정말이지 끝이 없었습니다. 진짜 우리의 주님은 '사랑' 자체이십니다.

저는 그 동안에 인생을 살면서 연극이나 뮤지컬 작품에 참여 할 때 주인공이 아니면 하지 않았습니다. 저의 친할아버지께서는 한국 연극의 스타니슬라브스키(러시아 분으로 세계적인 연극의 아버지)이셨기 때문에 손녀로서 어떤 자존심도 있었고, 나름대로 연기에 자신이 있었기에 그렇게 했었지요. 이번에도 하나님의 크신 은혜로 미국 영화 작품에서도 주조연을 맡게 되었는데, 여자역 중에서는 주인공이나 다름 없는 역할을 맡게 되었지요. 지금 생각해 보면, 저는 사람들에게 관심을 다른 이들보다 곱빼기로 받고 싶었던 것 같습니다. 늘, 제 인생에서 '나는 외로운 존재'라고 혼자 오해하고 있었던 것 같습니다. 사실은 항상 주님께서 함께 해 주셨는데도 말이죠.

천국에서는 바로 내가 주인공이었습니다. 모두가 다 저에게 관심을 가져주었고, 모두가 다 저를 중심으로 주님께서 진행해 주셨습니다. 그렇군요. 그것이 바로 사랑인가 봅니다. 나에게 관심을 가져주는 것. 그래요. 천국에서는 어느 누구나가 주님 안에서 공주이며 왕자입니다. 어느 누구나가 서로를 알아주고 조명을 비추어 주었습니다. 하물며 꽃들도, 황금 갈대들도, 동물들도, 유리 바다 속의 생물들도, 천사들도, 천국의 성인들도 그리고 우리의 주님도 다 저의 존재를 귀중하게 생각해 주었습니다.

한번은 유리바다 속에서 빨간 루비로 만들어진 꽃게가 나오더니 저에게, "사랑＿＿! 하이 (안녕), 헬레나. 헬레나는 까먹기 귀찮아서 꽃게 잘 안 먹죠? 난 다 알아요." 하면서 친구들과 저를 위해서 댄스를 추더니 옆으로 기어가면서 물속으로 다시 들어가더라고요. 그리고 아브라함 할아버지의 큰 호수에서는 아빠 거북이와 새끼들 거북이들 (에메랄드와 연두색 보석으로 만들어졌음)이 천천히 행진을 하고 있는데 만났어요. 아빠 거북이 왈, "하나님께 영광＿＿! 헬레나. 한국에는 '토끼와 거북이'라는 이야기가 있죠? 그리고 거북이가 인내심이 많다고 좋게 생각하지요? 헤헤………그런데, 왜 헬레나는 인내심이 없어요? 바이! (안녕)" 하면서 호숫가를 따라서 행진을 계속하더라고요.

또 한번은 천국의 황금문이 열리고 입구에서 황금 길로 걷자 마자, 투명한 빨간 색의 보석으로 만들어진 개미들이 단체로 질서 있게 오른쪽 황금 갈대밭 앞 쪽에서 행진하고 있더라고요. 저를 보더니, "하나님께 영광＿＿＿안녕! 헬레나. 천국 방문을 환영해요. 헬레나. 우리 개미들은 이렇게 단결이 잘 되는데 왜 한국 사람들은 단결이 잘 안돼요---?"

11

그러더니 계속 앞으로 가더라고요. 잉?---저는 작은 곤충이 하는 말을 듣고는…. 아무 대답도 못했시유.

또, 저의 궁전은 주님께서 바닷가 앞에 준비해 놓아 주셨는데-많은 분들처럼 저도 역시 바닷가 앞에서 살고 싶었거든요-, 큰 보트를 타고 (커다란 흰 돛에는 제가 원하는 데로 'Helena & Jesus', 헬레나와 예수님이라고 다이아몬드 1카랏 크기의 알로 박혀있지--요) 따뜻한 태양 빛을 즐기면서 예수님과 함께 이런 이야기 저런 이야기를 합니다. 보트를 타면, 큰 날개 달린 천사가 손수 배를 몰아주고 저는 주님 앞에서 회개하기도 하고, 제가 궁금한 것들, 또한 우리 모두의 사역과 미래에 대한 우리의 자세에 대해서 여쭤봐요.

그런데 자꾸 백상어가 바다에서 갑자기 뛰쳐 나와서는 저를 놀라게 하고 두렵게 하는 거예요. 백상어(역시 투명한 보석으로 되어있음)가 갑자기 출현하면서 "하나님께 영광____! 사랑____! 안녕! 헬레나" 하더니, "난 헬레나가 나, (상어)를 두려워하고 싫어하는 것 다 알아요. 그런데 천국에서는 두려움이란 게 없어요. 세상에서 사는 일 때문에 두려워하는 것과, 저를 두려워하는 것이 같은 두려움에서 왔다면 이해하시겠어요?" 하면서 유리바다 속으로 점프 하는 거예요.

저는 초등학교 1학년 때 도서관에서 책 표지가 파란 칼라로 만들어진 상어에 대한 과학책을 본 적이 있는데, 그때 저도 모르게 남보다 더 상어에 대한 무서운 이미지가 머리 속에 들어왔나 봐요. 거의 매번 주님과 바닷가에서 걸을 때나 보트를 타면 시도 때도 없이 백상어가 출현하더라고요. 그래서 저는 그럴 때마다 '아이고, 이 상어가 왜 자꾸 나와서 날 깜짝 놀래키는 거야? 주님과의 데이트 분위기가 깨지게시리'라고 생각했었죠. 그 다음에 또, 제가 입신해서 주님을 만나는데 출현 하길래, "그래, 알았어, 알았어. 이제는 내가 너 (상어) 무서워하지 않을게." 라고 하자, 상어는 "야호!" 하면서 유리 바다 속으로 들어가는 거예요.

이 이야기는 단순한 동화 이야기 같죠, 여러분? 그런데 저로 하여금 곰곰히 생각하게 만들었어요. 내가 상어를 좋아하지 않고, 상어를 두려워하고 무서워하는데, 왜 끈질기게 나한테 나타나서 그것도 이렇게 아름다운 천국에서, 그것도 심각하게 예수님과 중요한 얘기하고 있는데 불쑥 인사를 할까? 천국에 있는 상어는 자기가 누군가로부터 환영을 못 받는다는 사실, 누군가가 자기를 두려워하고 싫어한다는 사실이 용납이 안되고, 마음이 아팠던 것 같아요. 실은, 천국에 있는 동물원에 갔을 때, 제가 코끼리를 탄 상태로 많은 동물들을 만났을 때, 호랑이(털 끝이 금가루가 뿌려진 것처럼 반짝였었죠)가 저에게 그랬거든요. 투덜대면서, "사랑-----! 헬레나가 옛날에 샌디에고 동물원에서 호랑이를 보고 무서워했죠? 여기 천국에서는 무서워할 필요 없어요. 성경에도 나오잖아요? '그 때에 이리가 어린 양과 함께 살며 표범이 어린 염소와 함께 누우며 송아지와 어린 사자와 살진 짐승이 함께 있어 어린 아이에게 끌리며, 젖 먹는 아이가 독사의 구멍에서 장난하며 젖 뗀 어린 아이가 독사의 굴에 손을 넣을 것이라. (이사야 11: 6, 8)' 라고 말에요."

끝까지 미움이 아니라 사랑을 받고 싶어하는 천국에 있는 생물의 마음이, 오히려 사랑을 주거나 받는데 있어서 쉽게 포기해 버리는 우리 인간들의 자세보다, 또는 저의 자세보다도 더 열심이며 사랑에 대해서 갈망하는구나를 알게 되었습니다. 저는 여자이건 남자이건 간에 사랑이나 우정을 주고 받다가도, 만약 상대방이 저를 사랑하거나 좋아하는 것 같지 않으면 그냥 조금 시도하다가도 상대가 어느 존경의 선을 넘었다 싶으면 관계를 끝냈었고, 그들로부터 관심이나 사랑을 계속 받지 않는다는 것이, 어느 순간부터인가 저를 슬프게 만들지 않았었거든요. 인간 관계에 대해서 적지 않은 아픔들을 다 겪어서인지 저는 그랬어요. 그런데, 천국에 있는 생명체들은 그렇지 않았어요. 자신들이 상대방에게 두려움을 주고 있다는 사실에 대해서 속상해 했고 백상어의 경우처럼 계속 사랑을 받으려고, 적어도 서로에게 있어서 싫어한다는 감정을 용납하지 않았습니다. 참. 백상어 한 마리가 저를 눈물나게 하네요.

그리고 주님은 제가 천국에 방문하면서 '두려움'이라는 감정이나 느낌이 주님께로부터 온 것이 아니라는 것을 깨우쳐 주시고 싶었던 것 같아요. 두려움을 갖고서는 예수님의 영적 특공대가 될 수 없잖아요?

"내가 속한 바 곧 내가 섬기는 하나님의 사자가 어제 밤에 내 곁에 서서 말하되, 바울아 두려워하지 말라. 네가 가이사 앞에 서야 하겠고 또 하나님께서 너와 함께 항해하는 자를 네게 다 주셨다 하였으니"

(사도행전 27:23-24).

앞으로 우리 모두가 하나님의 일을 함에 있어서 전보다 더 박해가 심해질 수도 있고 복음의 씨를 뿌려도 사단과 그 졸개들이 그 씨가 못 자라게 열심히 방해하려고 해도 이미 사단의 머리는 십자가에서 부수어 졌고 (창세기 3:15), "하나님이 우리에게 주신 것은 두려워하는 마음이 아니요 오직 능력과 사랑과 절제하는 마음이니" (디모데후서 1:7)의 말씀처럼 담대함과 주님의 언약, 즉 "내가 너희에게 분부한

14

모든 것을 가르쳐 지키게 하라. 볼지어다. 내가 세상 끝날까지 너희와 항상 함께 있으리라 하시니라." (마태복음 28:20)을 잡고 나아가야겠습니다.

성경에 "두려워 말라"가 365번 정도 나온다지요? 그 정도로 인간은 365일을 마귀에게 속아서 무엇인가를 자꾸 두려워하고 근심하는 불신앙의 습관을 갖고 있는데, 그 두려움이라는 자체가 천국에서는 바닷속 생물에까지도 용납이 안 되는 것 같아요. 사실 두려움은 죄잖아요?

"그러나 두려워하는 자들과 믿지 아니하는 자들과 흉악한 자들과 살인자들과 음행하는 자들과 점술가들과 우상숭배자들과 거짓말하는 모든 자들은 불과 유황으로 타는 못에 던져지리니 이것이 둘째 사망이라." (요한계시록 21:8)

그러나 우리가 행하는 데로 갚으시는 하나님을 두려워해야 하며, 죄라고 인식도 못했던 부분들까지도 회개 안 하면 지옥에 떨어진다는 것에 대해서는 거룩한 두려움을 가져야 되겠지요.

네? 근데 어떻게 동물이 말을 하냐고요? 창세기 3장에서 뱀이 하와에게 선악과를 먹어도 죽지 않는다고 유혹할 때도, 또 민수기 22장 28절에도 발람 선지자가 사악한 일을 하려는 것을 당나귀가 막는데, 발람 선지자가 당나귀를 3번 치니, 여호와께서 나귀의 입을 여셔서 당나귀로 하여금 말을 하게 하시지요. 성경이 동화책이 아니라 사실이며 진실이듯이 천국에서 동물들과도 의사소통 하는 것도 허구가 아닙니다. 이렇게 천국에 있는 모두는 저에게 대화하며 저에 대해서 모든 것을 알고 있었고 관심을 가져 주었어요.

그것이 이 세상과 다른 것이겠지요. 언제나 조건 없는 관심과 사랑을 듬뿍 받는 것.

그것이 천국에는 있습니다.

지금 이 책을 보시는 분들은 혹 '아이고 참 꿈같은 소리하네. 정말 천국이 그러려고?' 하실지도 모르겠지요. 그런데, 천국은 정말 그렇습니다. 그러니까 어떻게 해서라도 우리 모두는 영원한 사랑이 있는 아름다운 그 곳이 우리의 고향인 것을 알고 그곳에 재물을 쌓아야 똑똑한 사람입니다. 이 곳에 있는, 예를 들어 미국 베버리 힐즈의 높은 산에 영화배우들이 사시는 몇 천 만불 짜리 집들과, 천국에 있는 하다못해 저의 궁전이나, 아브라함 할아버지의 궁전, 다윗의 궁전, 노예 생활 때 보디발 집의 책임자가 되었을 때 보디발의 아내에게 유혹을 받았던 요셉-정말 멋있고 인내심 많고, 제가 볼 때는 예수님 다음으로 천국에서 잘생기셨더라고요-의 궁전, 주님께 옥합을 깨뜨려 예수님의 머리에 향유를 발라드린 그 여자분(막달라 마리아)의 궁전들, 고을들과는 비교가 도대체가 되질 않습니다. 일단 천국의 집 재료가 다 보석인데 비교가 될 수 없겠지요. 그 궁전들의 보석 재료는 디자인이나 그 궁전 주인의 취향에 따라 달라 질 수 있으나 궁전의 높이는 얼마만큼 하나님과 사람들을 사랑하면서 주님의 일을 했는가에 따라서 층이 올라갔습니다.

그런데 궁전의 층이 40층, 50층 되는 사람들도 이 지상에서 남을 욕하고 비판하고 성을 내거나 싸우거나, 사랑으로 대하지 않고 무례하게 대하거나, 주님의 말씀에 순종하지 않고 자신이 하나님이 되어서 자신의 뜻대로 행할 때 그 사람들의 궁전의 층 수가 1층, 또는 2층, 3층씩 낮아지는 것도 보여주셨습니다.

또한 이곳에서 하나님의 일을 많이 하는 것처럼 보이는 사람들이 돈과 명예와 여자/남자 문제에 대해서 현재 회개하지 않으면 지옥행인 것도 보여주셨으며, 너무나 초라한 텅 빈 나무로 된 낡은 집이 기다리고 있는 것도 볼 수 있었지요.

여러분! 혹시 이 말씀을 성경에서 읽어보신 적이 있나요?

"내 아버지 집에 거할 곳이 많도다. 그렇지 않으면 너희에게 일렀으리라. 내가 너희를 위하여 거처를 예비하러 가노니

가서 너희를 위하여 거처를 예비하면 내가 다시 와서 너희를 내게로 영접하여 나 있는 곳에 너희도 있게 하리라." (요한복음 14:2-3)

천국에 다녀온 사람들이 각자의 집들을 보고 왔는데요- 물론 천국에, 그리고 지옥 구경을 해 본 사람들도 낱낱이 회개하지 않으면 지옥행이지요-집이 준비가 되었다는 얘기는 즉, "가서 너희를 위하여 거처를 예비하면 내가 다시 와서…" 주님은 이렇게라도 우리에게 힌트를 주시는군요. 물론 그 때는 하나님 아버지만 아시지요. (마태복음 24:36)

천국에서 세계 선교 대책 회의소에서 벽에 걸린 커다란 황금 시계를 보고 왔는데 12시 3분전 사이였습니다. 그 시계는 굉장히 큰 동그란 모양에 아래에 시계 추가 달려 있었고 시계의 숫자는 아라비아 숫자가 아닌 로마 숫자였습니다. 아래 달린 추는 오른쪽 왼쪽으로 약간 천천히 움직였는데 마치 "영혼 구원, 시간이 없다. 영혼 구원, 시간이 없다"라고 소리 내는 것 같았습니다. 메어리 케더린 백스터 목사님의 『정말 지옥은 있습니다』라는 책에서도 시계 본 것을 기록 해 놓으셨더라고요.

역시 주님께서는 항상 겸손하게 주님의 뜻에 순종해서 그렇게 행하고, 십계명을 절대로 가볍게 여기지 않으며,

영혼을 사랑하는 마음, 사람을 사랑하는 마음과 실천이 있느냐 없느냐를 보셨으며, 사도행전에 나오는 역사처럼, 성령께서 마음껏 역사하실 수 있도록 교회가 현재 성령님께 자리를 내어드리고 있느냐 아니냐를 엄격하게 보셨습니다.

전도만 많이 했다고 천국에 가는 것이 아니라, 성령의 역사-방언 은사, 방언 통역 은사, 예언 은사, 병 고치는 은사, 축사 (예수님도 항상 하신 마귀, 귀신을 내쫓는 기도, 작업), 환상, 계시 등, 성령을 통한 역사를 신비주의라고 무조건 몰아가거나, 그 은사들을 제한하거나, 등한시 하거나, 사도 때 이후로 이미 그런 성령의 역사는 끝났다고 하시는 목자들과 그 양들은, 죄송하지만 회개하시지 않으시면 모두 지옥으로 떨어지는 것을 보여주셨습니다. 어쩌지요? 어떡하지요? 제가 전에 존경했던 목사님들 중에 위의 사항에 해당하는 분들이 많은데. 아이고 이걸 어찌합니까……….제 증언을 믿으셔야 될텐데… 저는 이 글을 통해서 말씀 드렸습니다.

"어떤 사람에게는 성령으로 말미암아 지혜의 말씀을, 어떤 사람에게는 같은 성령을 따라 지식의 말씀을, 다른 사람에게는 같은 성령으로 믿음을, 어떤 사람에게는 한 성령으로 병 고치는 은사를, 어떤 사람에게는 능력 행함을, 어떤 사람에게는 예언함을, 어떤 사람에게는 영들 분별함을, 다른 사람에게는 각종 방언함을, 어떤 사람에게는 방언들 통역함을 주시나니 이 모든 일은 같은

한 성령이 행하사 그의 뜻대로 각 사람에게 나누어 주시는 것이니라."

(고린도전서 12:8-11)

2. 예수님도 빨래를 하신다.

제가 처음 사도 바울처럼 입신하여 (고린도후서 12:2-3) 예수님과 연회장에서 춤을 추려고 주님의 손을 잡으려고 했을 때 놀랐던 것은, 주님의 손바닥의 구멍이 난 큰 못자국의 상처 때문이였습니다. 주님의 제자 도마가 "내가 그의 손의 못 자국을 보며 내 손가락을 그 못 자국에 넣으며 내 손을 그 옆구리에 넣어 보지 않고는 믿지 아니하겠노라" (요한복음 20:25) 라고 얘기한 적이 있었지요. '그래, 그 못 자국이구나' 라고 생각이 들었지만, 주님을 그렇게 가까이는 처음 만나 뵌 것이므로 저도 모르게 "이거 (상처) 왜 이렇게 났어요?" 라고 뻔한 질문을 주님의 손을 잡기 전에 주님께 여쭈어 보았습니다. 예수님은 이렇게 대답 하셨어요. "너희들을 사랑하는 증거지." 순간 저는 너무나도 마음이 아프고 죄송하여 아무 말을 할 수 없었어요. 제가 주님이었더라면, "너희들이 하도 죄들을 많이 져서 내가 니들 대신 십자가에서 고통 받은 것도 잊었니?" 라고 탓을 할 텐데….주님은 사랑으로, 전혀 후회하지 않으시는 모습으로 답하셨습니다. 나라면 굉장히 생색을 냈을 텐데…..

천국에서의 의사 소통은 입을 뻥긋 벌리지 않아도 마음의 소리로, 영감으로 서로 대화합니다. 제가 말을 안 해도 상대방이 벌써 제 마음을 읽고 저 또한 상대방의 말을 마음으로 듣습니다.

오늘은 주님께서 바닷가의 황금 모래 위에서 저를 엎어주셨는데, 주님의 따뜻한 등에 저는 저의 얼굴을 파묻고서 제 인생에서 겪었던 모든 아픔이나 실망, 슬픔, 상처들을 주님의 등에다 다 녹여버릴 수 있었습니다. 주님하고 같이 있으면 그분 자체가 위로이시기 때문에 저의 영혼이 치유가되는 것을 알 수 있었어요. 그리고는 주님은 저와 어느새 다른강가로 갔습니다. 그 곳에는 한 어른 천사가 커다란두루마리를 가지고 서 있었고, 다른 수 많은 천사들이 한 줄로서서 차례를 기다리고 있었습니다. 그 천사들은 각각 한벌씩의 옷들을 들고 서 있었는데, 그 옷은 그들이 각각 담당한주님의 자녀들의 세마포였는데 어떤 옷은 새까맣고, 어떤 것은노란 또는 황토색, 회색의 얼룩들이 있었지요.

그러더니 예수님께서는 그 세마포를 하나 하나씩 그강에서 빨기 시작하셨습니다. 그런데, 그 강물의 색깔은푸르지가 않고 빨간색이었습니다. 바로 그 강은 주님의 보혈의강이었습니다. 그 곳에서 예수님께서는 한 사람 한 사람의때가 탄 세마포를 빨고 계셨어요. 그리고 그 얼룩진 세마포의죄의 종류, 그러니까 회개할 내용들은 옆에서 어른 천사가하나씩 하나씩 커다란 두루마리에 기록하고 있었습니다.

한 세마포를 빠시면 그 세탁된 세마포는 깨끗해졌고그것을 받은 천사는 날개로 날으면서 그 세마포 주인의드레실로 갖다 놓으려고 이동했고, 그 다음에는 또 다른천사가 얼룩진 세마포를 주님께 드리면, 주님은 그것을 또빠셨습니다. 몇 명의 천사들이 줄을 서 있나 보았더니그야말로 무한대로 줄을 서 있었어요. 어느새 예수님의 이마에송골송골 땀이 맺히고 지치신 모습이어서 옆에서 보고만 있던제가 주님께 말씀 드렸지요.

"예수님, 천사들 보고 하라고 하시지, 왜 손수 하세요?"
(참으로 저 다운 질문이죠?)

그러자 주님은 이렇게 말씀하셨습니다.

"나의 자녀들의 것인데 내가 손수 나의 피로 빨아야지."

20

도대체 언제까지 우리는 주님을 고생시키는 것일까요? 우리가 죄를 지으면 지을 수록 주님은 그 보혈의 강에서 땀을 흘리시면서 우리의 세마포를 우리를 위해서 빠셔야 하는 것이었습니다.

　　그분의 사랑은 끝이 없으셨습니다. 부모님께서 우리를 항상 걱정하시고 신경 써 주시고 애를 태우시는 것처럼, 역시 우리의 하나님이신 예수님께서도 우리들을 위해서 끊임없이 일하고 계셨습니다. 주님의 손에는 못 자국이 나 있는데, 그 두 손으로 보혈의 강에서 우리의 세마포의 더러운 얼룩을 지워주셨어요. 천사들도 조용히 주님께서 그 아들, 딸들의 세마포를 깨끗이 하시는 것을 엄숙하게 바라보고 있었습니다.

　　며칠 전에 제가 입신하여 주님을 만났을 때 저의 세마포를 직접 빨아 주셨는데, 옆에서 책에 기록하는 천사가 하나 하나 일일이 말해주어서 동시에 들으면서 회개했습니다. 매일 회개기도를 하는데도 저의 세마포를 더럽게 만든 죄가 네 가지나 있었습니다. 그렇죠. 우리는 생각이나, 말로, 또는 행동으로 죄인 줄도 모르면서 계속해서 죄를 짓지요.

　　어느 날, 저는 주님께 "저의 행위록을 보여 주세요"라고 말씀 드렸더니, 순식간에 우리는 백보좌 심판대 앞으로 갔어요. 커다란 황금 탁자 앞에 예수님께서는 의자에 앉아 계셨고, 그 옆에는 키가 큰 날개 달린 천사가 커다란 두루마리를 들고 있는데, 그 두루마리 위에 적힌 글자들은 제가 본 적이 없는 글짜들이었습니다. 아마도 천국의 언어들이 적혀있는 것 같았어요.

　　그리고는 즉시 주님 뒤편에 커다란 영화 스크린처럼 화면이 펼쳐졌지요. 바로 제가 회개해야 할 장면들이 쭉＿＿＿＿＿ 계속해서 보여졌습니다. 그런데, 그 중에서 제가 예상치 않았던 장면이 회개해야 할 행위로 기록되어 있었는데요, 제가 유치원 때 였던가요, 부모님과 언니와 기사 아저씨가 밖에서 저를 기다리고 있었는데, 제가 빨리 가려고, 그리고 재미있기 때문에 층계 한 6칸인가 5칸을 뛰어 내렸어요. 그런데 착지를 잘못해 넘어져서 오른쪽 무릎이 동그랗게 까지고 피가 났었지요. 그 장면이 제가 회개 해야 할 행의록에 나와 있는 거에요, 글쎄. 제가 몸을 함부로 부려서 더 다칠 수도 있었으며, 저의 희열을 느끼고 재미 있을까 봐서 그런 무모한 행동을 한 것이 죄였습니다.

그러니, 여러분. 얼마나 심각한 다른 죄들을 우리가 저질렀겠습니까? 행위록 화면을 계속 보면서 저는 그 순간 마다 회개했어요. 혹시 어떤 죄라도 기억이 나지 않으면 회개 할 수 없을 테니까요. 그런데 제가 회개할 장면들이 하도 많이 나와서 그만 입신 중에 잠이 들어 버릴 뻔 했지 뭐에요. 아이 창피해라.

" 또 내가 보니 죽은 자들이 큰 자나 작은 자나 그 보좌 앞에 서 있는데

책들이 펴있고 또 다른 책이 펴졌으니 곧 생명책이라.

죽은 자들이 자기 행위를 따라 책들에 기록된 대로 심판을 받으니."

(요한계시록 20:12)

빠알간 보혈의 강에서 우리 모두의 세마포를 손수 빠시는 것을 보고는, 작은 잘못이라도, 죄를 짓기가 더 두려워졌습니다. 그 구멍이 난 손등에 하나하나 우리의 세마포를 깨끗하게 만들어 주시는 모습을 뵈니까, 제가 죽을 때 회개를 낱낱이 하지 않아서 지옥에 떨어지거나, 하나님의 은혜로 제가 회개한 상태에서 천국에 가거나를 생각하기

이전에, 제 안에서는 '양심'이라는 것이 새롭게 피어남을 느꼈습니다.

　제가 주님께 여쭤봤지요. "예수님, 저도 죄인인데 왜 저를 선택 해 주셨어요?"

　"너는 순수하고 마음이 깨끗하니까. 마음이 청결한 자는 하나님을 뵐 것이다." 라고 하셨습니다.

　"마음이 청결한 자는 복이 있나니 그들이 하나님을 볼 것 임이요."

　(마태복음 5:8)

3. 아이를 낙태한 여성들이여! 지금이라도 그 아이를 살릴 수 있어요!!

하나님의 은혜로 2010년 12월 21일부터 2013년 6월 15일까지 총 약 800번을 천국과 지옥을 다녀오면서, 주님은 제 앞에서 3번 눈물을 흘리셨습니다.

한번은, 갈보리 언덕의 십자가에 매달리신 상태에서

"아프리카와 전 세계에 죽어가는 아이들에게 **빵**을 주고, 복음을 전해라.

누가 갈꼬……누가 갈 것이냐? ……….누가 모든 것을 내려 넣고…………..

나를 위해 갈 것이냐?

제발 그 아이들의 영혼 구원을 위해서 일해다오…" 하시며 슬피 우셨고요,

두 번째는, 하나님만을 섬기고 인생을 바치겠다고 서원했던 주의 종들이 돈, 명예, 섹스를 주님 보다 더 사랑하고 타락하여서 지옥에서 S자 모양의 쇠고랑에 거꾸로 매달려서 하체는 시커먼 굵은(두께가 한 20 cm) 정도의 구렁이로 칭칭 감긴 채, 머리 밑에는 뜨거운 유황 못이 부글부글 끓고 그들의 몸이나 얼굴에 유황 못이 튀겨서 얼굴이 지글지글 타면, 그들이 비명을 질러대며 주님을 욕하는 모습을 저에게 보여주시면서 슬피 우셨습니다.

"저들은 나를 사랑한다고 고백했던 나의 종들이었는데…어느새 돈이 생기고 명예가 생기더니 마귀에게 속아서 하나님의 말씀을 돈을 버는 수단으로 쓰고 여자와 타락하더니…..이 곳에 오게 되었다. 그리고 이 중에는 성령의 역사를 인정하지 않고 성령을 훼방한 종들이 있다. 누구든지

성령의 역사를 인정하지 않고 훼방하면 이 곳으로 오게 될 것이다. 그들은 나에 대한 첫사랑을 저버렸으며, 앞으로 이곳으로 올 종들이 너무나도 많다. 나의 종들이 회개하여 이 지옥에 오지 않도록 너희들이 눈물로 씨 뿌리며 기도해야 한단다. 처음에는 나의 충실한 종들이었는데…..”

그리고는 슬피 우셨는데, 마치도 믿었던 친한 친구에게 배반을 당한 것처럼 마음 아파하셨습니다.

세 번째는, 낙태 당한 영아들이 피바다에서 눈을 감고서 둥둥 떠 있는 곳으로 데려가셨습니다. 으앙-----하며 우는 아이들도 있었고, 조용히 그 피바다 위에 떠 있으면서 그들이 뱃속에 있을 때 그들을 죽여버린 엄마들이 회개하기만을 기다리고 있었습니다. 왜냐하면 그 아이들을 수술로 낙태한 아이들의 엄마들이 진심으로 주님 앞에 회개하면, 그 회개한 엄마의 아이는 피바다에서 건져져서는 천국에 있는 천사들이 아주 커다란 크리스탈로 만들어진 방에서 그 각자의 엄마들이 천국에 올 때까지 천사들이 맡아서 기르며, 혹시 그 아이의 엄마가 천국에 못 오면 천국에 있는 다른 사람들이 아이들을 데려다가 키웁니다. 그런데, 만약에 그 낙태한 엄마가 회개하지 않으면 그 아이는 계속 그 피바다에 떠 있어야 합니다. 그러니 우리가 낙태 수술을 하신 분들이 회개하겠금 중보기도 해야 하며, 그 아이들이 주님의 은혜로 그 외롭고 추운 곳에서 나올 수 있도록 중보기도 해야 합니다. 예수님은 그 광대한 피바다 앞에서 저에게 아무 말씀도 못하시고는 계속 울기만 하셨습니다. 주님의 눈에서 계속 눈물이 나오니까, 저는 가슴이 메여서 심장이 멎을 것만 같았습니다.

혹시, 이 책을 읽으시고 있는 분들 중에서 아이를 낙태한 적이 있다면 회개하셔야 합니다. 진심으로, 작정 회개

26

기도를 주님께 드리셔서 하나님의 은혜와 자비로 그 아이가 그 싸늘하고 피 냄새가 진동하는 피바다에서 나와서, 깨끗하고 따뜻한 크리스탈 방으로 옮겨 있을 수 있습니다. 그 낙태된 아이들이 떠 있는 피바다는 너무나 춥고 비참했습니다. 버려진 아이들. 주님은 당신의 얼굴에 눈물 범벅이 되도록 우셨습니다. 엄마가 회개하여 건져진 아이들은 천국에서 11살 까지 성장한다고 하셨습니다.

"그렇다면 아이를 낙태한 여자들과, 여자들을 임신시켜놓고 낙태시킨 남자들은 어떻게 되나요?" 그들이 그 죄에 대해서 진심으로 눈물 흘리며 뉘우치며 회개하지 않으면 지옥에 가는데, 주님은 저의 손을 잡고 천사들과 함께 지옥으로 데리고 가서 보여 주셨습니다.

****지옥에 있는 낙태한 여자들****

1) 낙태한 여자들은 높은 미끄럼 같은 곳에서 발가벗은 상태로 내려오는데 저 높은 중앙에는 노르스름한 커다란 용 크기의 뱀이 입을 쫙 벌리고 하늘을 치솟아 기둥처럼 서 있었고 내려올 때 그 중앙의 뱀의 옆 선에 칼날이 서면서 미끄럼처럼 내려오는 자들의 몸이 그 칼에 베어졌고 아래에 도착할 즈음에는, 왼손에는 눈감고 있는 아이를 오른손에는 아주 커다란 가위를 들고 있어서 그 가위로 아이를 우두둑 자르고 조각을 내더니 조각이 나 버린 아이들은 땅으로 쓰레기 같이 떨어지고 그런 후에 그 여자들은 뜨거운 유황탕에 빠지게 됐습니다. 그러자 여자들은 "으__악"하면서 비명을 질러댔고 그녀들의 몸은 유황 못에 '치----익' 하는

타는 소리와 함께 거의 타 녹아 내리더니 다시 처음부터 반복이 되었습니다.

2) 어떤 여자가 기둥에 묶이어 서 있는데 손목은 불그스름한 뱀이 묶고 있었어요. 그녀의 얼굴 표정은 '내가 왜 여기 왔는지' 잘 모르는 표정이었습니다. 그 여자 옆에는 작은 웅덩이 같은 것에 피가 가득하고 그 피가 악취를 내면서 끓고 있었습니다. 그 피는 그 여자가 결혼하기 전에 다른 남자들로부터 아이를 가졌는데 낙태했던 아이들의 피라고 예수님께서는 가르쳐 주셨습니다. 그녀는 그녀의 다른 남자들로부터 임신하고 낙태하고, 그것을 회개치 않고 새로운 남자와 마치 새 색시인 것처럼 속이고 결혼한 여자라고 예수님이 말씀하셨습니다. 그리고 그 낙태된 아이들의 잘라진 몸들이 머리와 몸들이 분리되어 바닥에 조각 조각 널려있는데 말을 하였어요. "엄마 왜 나 죽였어?"라고 하니까, 그 여자는 "난 네 엄마가 아니야!" 하였습니다. 그녀는 절대 회개하는 마음 조차 갖고 있지 않았습니다. 그 다음에 손목을 묶고 있던 빨간 뱀의 머리가 어느새 그녀의 얼굴에까지 올라와서는 그녀를 그 징그럽고 큰, 기분 나쁜 눈으로 그녀를 정면으로 바라보더니 눈을 공격하고는, 잽싸게 그 뱀은 입을 크게 벌리더니 그 여자의 머리를 통째로 삼켜버렸습니다. 그리고는 그녀의 머리를 삼킨 채로 좌우로 흔들더니 모가지를 끊어 놓고 동굴 같은 바닥에 그녀의 머리통을 내 팽개쳤어요. 그리고 여자의 다리를 묶고 있던 초록색에 무늬가 있는 뱀은 그녀의 생식기로 들어가서 그녀의 배 밖으로 나와버리니까 몸에서 피가 철철 넘치게 나왔습니다. 그리고는 모든 것이 처음부터 다시 반복되었습니다.

28

*****지옥에 있는 낙태시킨 남자들*****

1) 어떤 발가벗은 남자가 목과 어깨까지는 노르스름한 색의 아주 굵은 구렁이가 감고 있고, 허리서부터 허벅지까지는 검은 구렁이가 칭칭 감고 있었어요. 그런데 시커먼 뿔 달린 마귀 하나가 약 30인치 정도되는 시퍼런 가위로 그 남자의 발가락서부터 잘라가기 시작했습니다. 그 남자는 너무 고통스러워 했으며, 동시에 하체를 묶고 있던 구렁이가 그 남자의 생식기를 물어 삼켜버리더니, 목에 있던 구렁이가 그의 목을 조이면서 혀로 눈과 입술을 뜯어버리며 공격했습니다. 마귀는 그 남자의 몸을 잘라가며 매우 즐거워했습니다.

2) 어떤 남자가 나무 기둥에 묶여있는데 다리에는 까만 뱀이 칭칭 감고 있었고 다른 노란 뱀은 목과 어깨를 묶고 있을 입을 쫙 벌리며 남자에게 삼킬 듯이 혀를 낼름거리고 남자가 서 있는 아래에는 뜨거운 까만 기름이 타고 있었습니다. 그 기름에 그의 하체가 타고 있었습니다. 그는 예수님과 제가 그 앞에 있는 것을 보더니, "예수님, 나는 예수님을 믿었는데 내가 왜 여기에 와야하죠?" 하니까, 예수님은 "죄를 짓고 회개한 후에도 자꾸 같은 죄를 반복하면 천국에 갈 수 없다." 하시며 히브리서 6장 4-6절을 지적하셨습니다.

"한 번 빛을 받고 하늘의 은사를 맛보고 성령에 참여한 바 되고 하나님의 선한 말씀과 내세의 능력을 맛보고도 타락한 자들은 다시 새롭게 하여 회개하게 할 수 없나니 이는 그들이 하나님의 아들을 다시 십자가에 못박아 드러내 놓고 욕되게 함이라." (히브리서 6:4-6)

목에 있는 뱀이 그 사나이의 머리를 위에서부터 삼켜버렸습니다. 그러자 그 남자가 소리를 지르기도 전에 머리가 통째로 잘라졌습니다. 그의 죄는 여자의 몸을 자신의 성욕을 만족시키는 도구로 대하며, 많은 여자들과 계속 성관계를 하며, 때로는 여자를 임신시키고는 책임지지 않은 자라고 하셨습니다……

지금이라도 늦기 전에 회개해야 지옥에 가지 않겠지요. 정말이지 지옥은 무시무시한 곳입니다. 저는 지옥에 가서 거의 몇 군데 보고는 졸도합니다. 우리 모두 회개합시다.

"살인하지 말라" (출애굽기 20:13)

4. 자식 이혼 시킨 시부모와, 장인, 장모, 회개 안 하면 지옥행이다.

자, 그럼 본격적으로 지옥 이야기를 풀어 가 볼까요? 제가 하나님의 은혜와 하나님께서 주신 영권으로 천국에 가서 주님을 뵌 첫 번 데이트부터, 주님은 저에게 천국의 이곳 저곳을 보여 주시고 나서는,

"지옥을 보고 싶으냐?" 하셨습니다. 순간 새까만 하늘에 깊은 바다가 보이는데 그 곳에서 큰 용이나 뱀이 나올 것 같아서, 저는 이렇게 대답했지요. "아니요, 예수님. 지금은 지옥을 보고 싶지 않아요" 속으로 저는 생각 했지요. '와---, 주님께서 영혼 구원에 대해서 마음이 급하시긴 급하시구나. 첫날부터 지옥을 보여 주시고 싶어하시네. 빨리 보고 간증해서 많은 사람들이 하루라도 빨리 회개하고 하나님께 돌아오게 하고 싶으시구나…' 주님께서는 여러분이 아시는 바와 같이 인격적이신 분이시므로, 저의 의견을 존중해 주셨지요. 그런데, 두 번째 뵀을 때도, "헬레나, 지옥 보고 싶니?" 하셔서, 제가 대답했지요. "아니요, 아직이요." 제가 감히 주님의 제의에 두 번이나 거절했다는 것이 너무나 건방진 것 같아서, 주님을 입신해서 세 번째 만나 뵈었을 때부터는 천국을 보고 나서 자진해서 지옥을 보여 달라고 부탁 드렸답니다. 그래야 주님한테 점수 따죠.

자＿＿＿＿＿준비 됐나요? 지옥 여행 시작＿＿＿＿＿＿!

까만 터널을 주님과 저는 함께 걸어갑니다. 새 까맣기 때문에 아무것도 안 보입니다. 천사들도 저를 위해서 함께 가줍니다. 서서히 소리가 들려옵니다.

"으흐흐흐흑. 나 좀 살려줘----, 누가 나 좀! 살려줘------!"

"Fucking Shit! (씨발! 쪽같애!)"

"으악_____! 으----하----아---악-------------!"

"잘못했어요_____! 으흑흑_____으------악___!"

"It's not my fault! Fuck! It's not fair!_____No!_____No_____! Ah_____!"

(내 탓이 아니란 말야! 씨발! 이건 공평하지 않다구! 안돼! 안돼! 아-----------악!)

"으하하하하하하_____누가 그러게 죄 지라고 그랬냐?" (마귀들이 지옥에 있는 사람들을 때리면서 즐거워하는 소리)

그리고 가까이 갈 수록 냄새가 나기 시작하는데, 먼저 피비린내가 납니다. 그리고 살이 타는 냄새 같은 게, 마치 마른 오징어를 한 천 마리를 구운 것 같은 고소한 냄새가 아닌 역겨운 냄새가 나요. 그리고 섞은 하수도 냄새도 납니다. 지옥의 분위기는 버려진 느낌, 공포의 분위기, 희망과 소망이 끝나버린 느낌, '차라리 꿈이었으면 좋겠다' 라고 생각될 정도로 벌어지고 있는 상황이 믿어지지 않는 곳. 조금이라도

32

있고 싶지 않은 곳. 분위기는 죽어가고 살벌하고 냉냉한데 유황 탕 (못) 때문에 온도는 뜨겁고 살 타는 냄새에 토할 것만 같습니다. 지네 몇 천마리가 우굴거리면서, 바퀴 벌레 보다 더 큰 벌레가 몇 백마리가 벌 받는 사람의 얼굴과 상체를 갉아먹고 있으며, 하얀 구더기가 벌 받는 사람의 배와 내장을 갉아먹고, 불혀를 날름거리며, 쫙쫙 입을 벌려대는, 머리도 크고 몸 두께도 20-30 센치(cm)되는 색색의 구렁이와 그 구렁이의 사람을 안다는 듯한 기분 나쁜, 그리고 소 눈만큼 큰데 그 교활한 눈을 보면 금새 기절 해 버리겠습니다.

♨ 지옥에서는 이 세상에 살 때, 죄를 지면서 즐거워한 것 보다 몇 천만 배의 고통이 기다리고 있었습니다.

★ 책임 회피죄가 받는 지옥의 벌

어떤 발가벗은 사람(남자)이 팥죽색의 구렁이들이 만들어 놓은 침대 같은 곳위에 발가벗고 엎드려 누워 있는데 -손, 발이 구렁이에 묶여있고요- 슬슬 그 구렁이들이 조여오더니 보쌈처럼 그를 싸더니 그의 몸이 터져 버렸습니다. 그의 죄는 책임감 회피라고 하셨습니다. 아내를 버리고 가버리는 것도 이 벌을 받는다고 주님께서 말씀하셨습니다.

★ 간음한 여인이 받는 지옥의 벌

어떤 여자는 또한 기둥에 묶여 있는데 다리는 검은 구렁이가 칭칭 감고 있고 목도 하얀 뱀이 커다란 입을 쫙 벌리고 혀로 여자를 괴롭히고 있었습니다. 아래 있는 뱀은 여자의 아랫도리를 핥다가 그 뱀의 혀가 여자 몸 안으로 들어가 불이 되어서 몸 안을 불로 지졌으며, 위에 있는 뱀은 여자의 눈을 파먹었습니다.

★ 가정 파괴자들이 받는 지옥의 벌

어떤 여자와 남자는 가정 파괴자들이라고 예수님이 가르쳐 주셨는데, 여자가 누워있고 남자가 그 위에 밀착되어 있는데, 큰 구렁이-초록색과 알록달록 검은색의 무늬로 되어있었는데, 이 둘을 칭칭 감고 있었습니다. 이 여자와 남자는 성행위를 하려고 하고 있는데 그 사이로 까만 작은 뱀들이 여자와 남자의 생식기 안으로 빠른 속도로 들어갔습니다. 그러자마자 칭칭 감고 있던 큰 구렁이가 그들을 압력으로 눌러버려서 그들은 터지고 말았습니다. 그리고는 반복되었습니다.

★ 포르노 영화 여자배우가 받는 지옥의 벌

동굴의 위 층에 한 여자의 머리가 댕그렁 댕르렁 달려있었는데 그 여자는 매우 진한 화장을 했으며, 땀에 화장이 범벅이 되어 얼굴이 몹시 흉해 보였습니다. 그녀는 소리를 지르며 불만을 토하고 있었습니다. 그 여자는 포르노 영화에 출연하는 것이 직업이었습니다. "그럼 나더러 어떡하란 말에요? 가난하니까 포르노 영화를 찍고 산 것인데 그것이 그렇게 죄가 되나요?" 그 여자의 소리 지름에 예수님께서는 아무런 대꾸도 하지 않으셨습니다. 그 여자의 몸은 그 옆에 잘리어진 채로 낡은 나무 의자에 앉혀 있었는데 다른 뱀들이 그녀의 몸을 공격하고 쪼아 먹고 있었습니다.

★ 돈을 하나님 보다 더 사랑한 사람이 받는 지옥의 벌

어떤 이는 지폐 돈이 그의 온 알몸에 다닥다닥 붙어있고 밑에서는 유황 불이 그를 태우고 있었으며 역시 뱀이 그를 칭칭 감고 있었습니다. 그의 얼굴 표정은 몹시도 괴로워 했습니다. (제가 알고 있는 사람의 얼굴이었습니다.)

★ 우상 숭배(사람이 만든 신상에 절하거나 경의를 표하거나 예수님 외에 다른 신이나 어떤 것에 믿고 의지하는 것)한 사람들이 받는 지옥의 벌

우상 숭배한자들은 마치 전기구이 통닭집의 닭처럼 굵은 쇠꼬챙이가 뒷목과 뒤 엉덩이 사이에 관통되어서는 바로 밑에 있는 유황 불에 태움을 받으며 회전하고, 그들은 몹시도 괴로워했습니다. (제가 아는 사람의 얼굴이 보였습니다.)

★ 하나님(예수님) 외의 다른 신을 믿게 하는 자와 점쟁이들이 받는 지옥의 벌

그들은 어마어마하게 커다란 철철 끓고 있는 유황 바다에 던져지는 것을 보았습니다. 그 뜨거운 유황 바다에서 그들은 소리지르며 괴로워 했지만 어느 누구도 그들에게 관심 가져 주는 이가 없었습니다.

★ 점술가-손바닥의 손금으로 운명 봐주고 악신들의 힘을 빌려 점 봐 주는 사람이 받는 지옥의 벌

이 사람은 여자였는데, 제가 약 몇 년 전에 어떤 목사님과 함께 전도하러 갔었던 외국 점 집의 점쟁이였어요. 그 점쟁이는 동굴 같은 곳의 약간 높은 땅에 눕혀 있었는데 온 몸에는 진한 초록색과 흐린 연두색이 색인 구렁이가 팔뚝과 가슴 부분을 감고 있고, 발목은 까만 뱀이 감고서는 꽉 조이고 있었지요. 그리고는 까만 마귀 둘이서 하나는 나무 막대기로 또 다른 마귀는 쇠막대기로 그 점술가를 욕하면서 때리고 있었어요. 그 여자는 아파하면서 불평했어요. "내가 왜 여기에 와야 되는 거야? 난 사탄을 위해서 평생을 일해 줬잖아? 이게 보답이냐?" 그러자, 마귀들은 "이 년 봐라. 겨우 사람 400명을 지옥에 보내 놓고는 뭘 잘 했다고 큰소리야---? 미친년! 으하하하하---"하면서 계속 방망이로 머리도 갈기고

하니까 피가 여기 저기서 나오고, 동시에 뱀들은 불 혀로 그 점쟁이를 쏘아댔습니다. 그리고 나서 마귀들은 그녀를 바로 밑에 있는 유황 못에 던지자 그 여자의 몸은 타 들어가서 얼굴이 이그러지고 몸이 타버렸으나, 뱀들은 타지 않았어요. 그리고는 또 반복이 되었습니다.

★ 아들을 이혼시킨 시어머니가 받는 지옥의 벌

이 장면은 주님께서 저에게 두 번이나 보여주셨습니다. 이 곳은 동굴 안 같은 곳이 아니라 마치 지옥에서의 또 다른 곳이었습니다. 하늘이 거의 새 까맣고 거기에는 짙은 쑥색과 똥색의 썩은 물이 큰 바다처럼 흘렀는데 그것은 썩은 하수구물과 사람의 배설물-오줌과 똥-이 섞여 있었고, 그 안에는 수 백 마리의 뱀들과 구렁이가 절벽 위에서 사람들이 떨어지기를 혀를 날름거리며 기다리고 있었어요. 그 장소는 몹시도 컸으며, 마치도 단체로 사람들이 형벌을 치르는 것 같았습니다. 모두가 벌거벗고 그 높은 절벽 위로 올라갔고 아무도 그 악취나는 썩은 물에 뛰어 내리려 하지 않으니까, 그 위에서 감독하고 있는 마귀들이 사람들을 막대기로 패기도 하고 발로 차기도 하면서 억지로 그 썩은 물에 떨어뜨렸는데, 그 중의 한 여자는 약 60대 초반으로 보였는데, 마귀가 욕하면서 그 여자를 때리며 그 썩은 물에 떨어뜨리니까 그 물 밑 아래로 몸이 가라 앉다가 부력 때문인지 물 위로 떠 올랐습니다. 그러자마자 큰 뱀들이 자기들의 입으로 그 아줌마의 머리를 썩은 똥물 속으로 계속 밀어 넣었으며, 그 물 안의 작은 뱀들은 그 아줌마를 쪼아대며 공격했습니다. 그 아줌마는 썩은 똥물 밖으로 얼굴을 내밀려고 했지만 뱀들의 힘을 당해내지 못했고 급기야 그 썩은 똥물과 하수구물에 얼굴과 몸이 팅팅 부었고 실신할 정도가 되니까 뱀들이 그 아줌마를 육지 위로 내 보내더니, 아래에 있는 다른 감독하는 마귀들이 그 아줌마를 도끼로 (세로로) 반을 갈랐습니다. 그러자 그 아줌마는 비명을 질렀으며, 다시 처음부터 그 형벌은 반복되었습니다.

"주님, 저 여자는 어떤 죄를 지었나요?" 라고 여쭈어보니 주님께서는,

"저 여자는 아들의 아내, 즉 며느리를 사랑하지 않고 미워하여 아들로 하여금 이혼하게 만든 시어머니란다. 저 여자는 교회를 다니던 사람이었으나, 누구든지 하나님이 하나의 몸으로 만드신 부부를 갈라 놓으면, 여기로 보내 질 것이다." 라고 하셨습니다.

" 창조 때로부터 사람을 남자와 여자로 지으셨으니
이러므로 사람이 그 부모를 떠나서
그 둘이 한 몸이 될지니라. 이러한즉 이제 둘이 아니요 한 몸이니
그러므로 하나님이 짝지어 주신 것을 사람이 나누지 못할지니라 하시더라
이르시되 누구든지 그 아내를 버리고 다른 데에 장가 드는 자는
본처에게 간음을 행함이요
또 아내가 남편을 버리고 다른 데로 시집가면 간음을 행함이니라."

(마가복음 10: 6-9, 11-12)

5. 주의 종을 우습게 여기면 안 된데이.

여러분들! 우리에게 잘 해 주시고 겸손하게 사랑으로 대해 주시는 주의 종이 계신가 하면, 어떤 주의 종에 대해서는 우리가 속으로 이렇쿵 저렇쿵 흉을 볼 때가 있잖아요? 근데 그게 아쮸~ 무서운 죄인 것 아세요? 우리가 보통 사람을 흉보는 것과 주의 종을 흉보는 것은 차원이 다르더라고요.

마치 민수기 12장에서 처럼, 모세가 구스 여자 (유대인 민족이 아닌 여자)와 결혼하니까 모세의 형 아론과 누나인 미리암이 모세를 비방하자 하나님께서 노하셔서 미리암에게 문둥병을 내리시게 되죠. 그러니까 모세 형 아론이 모세에게 중보기도를 부탁하잖아요?

"아론이 이에 모세에게 내 주여 우리가 어리석은 일을 하여 죄를 지었으나 청하건대 그 벌을 우리에게 돌리지 마소서" (민수기 12:11)

그러니까 모세가 하나님께 중보기도를 올리지요.

"모세가 여호와께 부르짖어 이르되 하나님이여 원하건대 그를 고쳐 주옵소서." (민수기 12:13)

그러자, 하나님께서 모세의 기도를 들어 주시어 미리암을 7일 동안 진영 밖에 가두고 7일이 지난 후에 들어오게 하라고 하시잖아요. (민수기 12:14)

원래 우리는 남을 비방하는 죄를 저지르면 안되지만, 특히 주의 종을 비방하거나 주의 종과 다른 사람들의 사이를 이간질 시키거나, 더 나아가서 교회를 그로인해 어지럽히는 사람에 대한 형벌은 지옥에서도 무서웠습니다.

주님과 지옥에 함께 갔는데 어떤 여자가 맨 몸에 짙은 회색 빛깔 나는 굵은 구렁이가 발끝부터 목까지 감겨

있었어요. 그 여자는 교회의 분열을 주도한 여자인데, 목사님을 우습게 안 사람으로 교회의 사람들을 목사파, 장로파를 나뉘게 하여 교회를 갈라 놓은 자라고 하셨습니다. 그녀의 몸을 뱀이 감고 있다가는 뱀이 뱀전기 톱으로 변하여 그녀의 몸을 반으로 나누었습니다. 그러자 그녀는 비명을 지르고 온 몸에서 피가 마구 튀겨 나왔습니다. 뱀이 어떻게 뱀 더하기 전기톱이 되냐구요? 정말 한번 가서 보세요.

천국과 지옥 체험 간증을 하다가 보면, 사람들이 과학적인 요소가 천국이나 지옥에 있다고 느껴지면 그것을 불신앙 하더라고요?

저는 입신하고 세 번째 만남이었던가요? 예수님께서 바닷가 앞의 황금 모래장에서 여기 미국 캘리포니아의 산타모니카 바닷가를 가면 편안한 자세에서 탈 수 있는 아주 낮은 큰 자전거가 있어요. 빌려 타는 거거든요. 그런데 그 낮고 큰 자전거 모양인데 전기 없이도 자동으로 가는 황금으로 덮힌 작은 미니 카(바퀴 부분은 검정색이고요)를 주님이 타겠냐고 그러시더라고요. 그래서 따로따로 타지 않고 주님하고 같이 타겠다고 하니까 이 쪽 바닷가에서 아주 멀리까지 함께 탔습니다. 그리고는 저는 그런 미니 카 보다는 말 타는 것을 더 좋아하니까, 저는 흰색 날개 없는 말, 주님은 잘 생긴 브라운 색의 말을 타고 해변가를 신나게 달렸죠.

여러분……천국에 뭐가 없겠습니까? 물론 우리가 식성은 조금 변할 지도 몰라요. 한 번은 주님께서 금방 고등어를 잡아다가 저에게 저의 집 안의 바닷가 보이는 식탁에서 먹으라고 주셨어요. 왜냐면 저는 그래도 이것 저것 안 먹어본 것을 먹어 보는 것을 즐기는 식도락가인데, 천국에 먹는 종류가 많이 없으면 좀, 그 부분에 있어서는

40

심심하겠다고 생각만 했는데, 주님께서 마음을 꿰뚫어 보시므로 그렇게 생선을 주시더라고요. 그런데 순간 그 고등어 안에 피가 있다고 생각하니까 예수님의 갈보리의 십자가에서 주님의 피를 너무 많이 봐서 그런지, 왠지 구미가 당기지 않아서 안 먹었죠. 그러니까 그 고등어가 파란 보석으로 변해버렸어요.

이 책에 끝부분에 쓸 이야기는 주님께서 천국에 있는 주님의 스크린 방 (제가 이름을 붙인 것인데)에서 미래에 관한 것들을 많이 보여 주시는데, 거기서 보여 주신 세계 종말에 대해서, 그리고 우리가 알아야 할 중요한 사항들-주님께서 쓰라고 명령하시니까 사실 저도 순종하는 것입니다-에 대해서 전달 해 드릴 것인데, 평소에 가지고 있던 천국이나 지옥에 대한 개념이 다르다고 해서 지금 보고하고 있는 것을 의심하신다면 곤란합니다. 앞으로 전달 해 드릴 중요한 메시지가 매우 많습니다. 이게 다, 그 영혼 구원을 위해서지요.

얘기가 살짝 다른 데로 세니까 더 재밌죠? 어쨌든 주의 종은 하나님께서 기름 부으신 자이고, 다윗 왕이 자신을 죽이려고 쫓아다니는 장인어른 사울 왕을 죽일 수 있는 기회가 있었어도 하나님께서 왕으로 세우신 자라 안 된다면서 하나님의 절대주권, 하나님의 권위에 도전하지 않잖아요?

주의 종의 부족한 점이 보인다면 우리가 그들을 위해서 중보기도 해야죠. 혹시라도 주의 종에게 함부로 대하시거나 뒷담화하신 적이 있으시면 예수님의 이름으로 회개하시길 바랍니다. 재판장은 주님 한 분이시더라고요. 아셨죠?

6. 은사 궁전에서 금가루를 배달한다.
여기요! 기쁨 금가루 하나 추가요!

"오늘은 어디에 가 볼래?"

"응……. 제가 안 가본 데요." 라고 저는 빤한 대답을 주님께 또 했습니다. 그럼 당연히 안 가본 데를 보여달라고 하지 않겠어요? 저는 인생에서 '순수하다'라는 소리를 많이 듣는 편이에요-물론 "뱀 같은 지혜가" 필요하지요.

"내가 진실로 너희에게 이르노니 누구든지 하나님의 나라를 이 어린아이와 같이 받들지 않는 자는 결단코 그 곳에 들어가지 못하리라 하시고"

(마가복음 10:15).

천국은 상상보다 억만 배 아름다와요. 한번은 주님께 여쭤봤어요. " 주님, 왜 천국에는 다 황금으로, 그리고 여러 가지 보석들로 되어 있어요?" 주님께서는 이렇게 말씀하셨습니다.

"내가 너희를 위해서 생명까지 바쳤는데, 뭘 안 해 주고 싶겠니? 난 너희들에게 최고로 해 주고 싶단다."

혹 이 글을 읽고 계시는 분들 중에서 이렇게 생각하시는 분들도 있으실 거예요. '그럼, 지금 이 세상에서 좀 더 우리에게 베풀어 주시지….' 라고 말에요. 저를 몇 년간, 주님께서 욥을 연단 시키신 것처럼 저의 인생을 한 번 다 되돌아 보니까요--- 역시나 '주님과 나 사이'에는 그 어떤 것이 있다면 우리에게 주님께서 주시는 축복을 이 세상에서 받을 순서가 오지 않으며, 우리가 죽어서 천국으로 갈 수 없다라는 것이었습니다.

♥ 주님과 우리 사이에 있는 것이 돈이 되었던, 사람이 되었던, 명예가 되었던 육체의 정욕이 되었던 간에, 하나님과 나와의 가운데에 무엇을 껴 넣으려고 하는 것은, 사탄이 우리로 하여금 주님께서 준비 해 놓으신 어마어마한 축복을 못 누리게 방해하는 덫인 것을 알았습니다.

"돈을 사랑하는 것이 일만 악의 뿌리가 되나니 이것을 탐내는 자들은 미혹을 받아 믿음에서 떠나 많은 근심으로써 자기를 찔렀도다." (디모데전서 6:10)

"이 세상이나 세상에 있는 것들을 사랑하면 아버지의 사랑이 그 안에 있지 아니하니 이는 세상에 있는 모든 것이 육신의 정욕과 안목의 정욕과 이생의 자랑이니 다 아버지께로부터 온 것이 아니요 세상으로부터 온 것이라. 이 세상도 정욕도 지나가되 오직 하나님의 뜻을 행하는 자는 영원히 거하느니라." (요한 일서 2:15-17)

"아버지나 어머니를 나보다 더 사랑하는 자는 내게 합당하지 아니하고 아들이나 딸을 나보다 더 사랑하는 자도 내게 합당하지 아니하며 또 자기 십자가를 지고 나를 따르지 않는 자도 내게 합당하지 아니하리라." (마태복음 10: 37, 38)

지옥에 가 보았더니, 세계적으로 굉장히 성공하셨던 대기업의 회장님이 계시더라고요. '응, 이상하다. 이분은 자선 사업도 조금은 하지 않았나?' 생각했는데, 그가 지옥에 온 이유는 돈을 부당한 방법으로 자신의 배를 채우기 위해서 벌은 죄에 대해서 회개하지 않은 것이라고 하셨습니다. 어떤 분께서 지옥에서 전직 대통령을 보았다고 책에 쓰셨던데, 저도 적어도 전직 대통령두 분 뵈었습니다. 대기업의 회장이 되거나 대통령이 되지 말라가 아니라, 이 세상의 사람들이 너무나도 이 세상에서의 자기들의 목표를 생각하다 보니까 하나님의 가르침을 껌종이 버리듯이 스스럼 없이 무시 해 버린다는 것이 문제인 것 같아요. 저 또한 그랬었고요. 우리 모두의 진짜 영원한 고향은 천국인데 거기서 영원히 재밌고 행복하게 누리며 살아야하는데, 이곳에서 하나님보다 다른 것을 더 추구하다 보니까, 도대체 이게 뭡니까? 지옥에 가려고 우리가 대기업 회장되고, 대통령되고 세상에서 성공하려는 것이 아니잖아요? 우리 사탄에게 속지 맙시다. 아멘.

　　오늘 저는 주님과 천사들과 함께 잠수함-커다란 크리스탈에 약간 황금 장식이 된 마차의 몸통 모양이었음-을 타고는 수정 유리 바다 속 아래로 들어갔습니다. 크리스탈 잠수함 안에서 유리 바다에는 못 보던 아름다운 바다 생물들이 우리를 바라보면서 따라왔어요. 바다 안에서는 야광빛의 핑크색, 연두색, 노란색, 하얀색, 주홍색 빛이 퍼졌으며 만화 영화에 나왔던 '엘모' 모양의 물고기서부터 은빛깔 나는 투명한 물고기 떼, 절 너무 좋아해 주는 백상어는 물론 우리를 따라 다녔고요, 가오리도 있고, 코발트 색 열대어, 노랑에 검정 줄무늬 물고기와 각종 식물들 등등, 하와이 마우이에서 보았던 바다 속보다 한 200배 정도 호화 찬란했습니다.

　　우리가 탄 크리스탈 잠수함은 유리 바다 속의 하얀 빛의 커다란 궁전으로 들어갔는데, 거기 궁전의 문 앞에는 천사들이 지키고 있었어요. 그리고 안으로 안내되었는데, 그곳에는 수 많은 방들이 있었습니다. 먼저 천사의 안내로 주님과 저는 '인내의 은사 (Gift of Patience)'라고 영어로 문에 쓰여진 방으로 들어갔습니다. 그 곳에는 그 방을 지키는 담당 천사들이 있었고 그 방의 책임자처럼 보이는 큰 천사가 어떤 모니터 (화면)을 통해서 무엇인가를 보고 있었습니다.

그 화면을 저와 주님도 함께 보았습니다. 어떤 작은 개척 교회에 여름인데 에어콘이 없는지 남자 목사님이 위에는 흰 속옷 차림에 한 손에는 부채질 하면서 강대상 앞에서 철야기도를 하고 있었고, 한 여자 분은 목사 사모님인데 교회의 출입구 쪽에서 돗자리 같은 것을 깔아놓고는 고단한 모습이지만 철야기도를 하고 있었어요. 그러자 그 화면을 보고 있던 큰 천사가 그 보다는 작은 천사에게 금 천으로 된 복주머니를 주면서 저들에게 배달하라고 명령하였습니다. 그러니까 그 명령을 받은 천사는 유리 바다 속에 있는 은사 궁전을 나가서 날개로 어느 도시에로 날아가서는 그 남자 목사님의 머리에 그 복주머니를 풀더니 '인내의 은사' 금가루를 뿌려주었습니다.

그리고서 우리는 그 다음 방으로 갔습니다. 그 방에는 '기쁨의 은사'(Gift of Joy) 라고 영어로 써 있었어요. 역시 거기에서도 화면으로 사람들이 살고 있는 것을 보고 있었는데, 어느 나이 많으신 여자 목사님께서 약간 신체의 장애가 조금 있는 당신의 따님에게 저녁을 떠다가 먹이고 있었어요. 그런데 그 여자 목사님은 그 자녀 분을 아무런 불평 없이 사랑하는 마음으로 키운 사람이라는 것을 알 수 있었는데 그 방을 감독하는 큰 천사가 역시 그 보다 작은 천사에게 명령하자 그 작은 천사는 '기쁨의 은사'라고 쓰여진 반짝이는 복주머니를 가져다가 날아서 배달하고는 그 나이드신 여자 목사님에게 풀고는 금가루를 뿌려드렸습니다.

그 다음 방으로 우리들은 갔는데, 그 방의 이름은 '행복의 은사'(Gift of Happiness)라고 영어로 쓰여 있었지요. 그 방에서도 역시나 세상 사람들이 살고 있는 것을 화면으로 보면서 은사의 금가루를 배달 시키려고 준비 중이었습니다.

46

주님과 저와 그 방의 책임 천사와 함께 다음과 같은 장면을 보았지요. 어느 아프리카계의 미국 소녀(한 8살 정도)를 보여주었는데, 그 소녀의 집은 매우 가난해 보였어요. 그런데 그 어린 소녀의 엄마, 아빠는 그 소녀의 옆방에서 소리 지르며 싸웠는데, 그 소녀의 아빠는 그 소녀의 엄마에게 폭력을 휘두르는 것이 다 소리로 들렸지요. 그 작은 소녀는 그러한 생활에 너무나도 익숙해 보였습니다. 소녀는 침대 위에서 무릎을 꿇더니 기도하기 시작했어요. "나의 사랑하는 주님, 우리 엄마 아빠를 용서해 주세요. 그들이 서로 사랑하게 해 주세요. 저는 주님을 사랑해요…" 그러자 그 행복의 은사방을 담당하는 큰 천사는 작은 천사에게 가난하지만 주님께 마음을 고백하는 그 작은 소녀에게 '행복의 은사'의 금가루를 배달하라고 명령했지요. 그 소녀의 머리서부터 발 끝까지 행복의 금가루는 스며들었으며, 그녀는 그런 슬픈 환경 속에서도 행복할 수 있었습니다.

"곧 내가 기도할 때에 이전에 환상 중에 본 그 사람 가브리엘이 빨리 날아서 저녁 제사를 드릴 때 즈음에 내게 이르더니

내게 가르치며 내게 말하여 이르되 다니엘아 내가 이제 네게 지혜와 총명을 주려고 왔느니라." (다니엘 9:21-22)

요즈음에 저는 하나님의 은혜로 산 영적인 눈이 뜨이고 나서는 우리가 삼삼오오 모여서 기도할 때에 아기 천사들이 기도하는 각각 한 사람에게 은사의 금가루를 뿌려주는 것이 보입니다. 지난번에 B 목사님께서 LA에 있는 L 목사님의 교회에서 집회 하실 때에 주님께서 금가루를 뿌려주신 것이 다른 사람들 눈에도 보여서 L 목사님이 그 금가루를 스카치 테이프에 묻혀 놓은 것을 다른 집회 참석자들과 함께

보았지요. 그리고 지난번 달라스에서 K 목사님 교회에서 집회하는 마지막 날에도 큰 천사가 치유의 금가루를 그 곳에 참여했던 모두에게 뿌려주었고, 예를 들어 그 곳에 참석했던 J 전도사님은 수술로도 고칠 수 없었던 오십견이 나아서 전에는 손을 잘 올리지도 못했는데 지금은 위로 쭉쭉 뻗을 수 있게 되었지요.

물론 치유는 마가 복음 16장 17절, 18절에 명시되어 있는 것처럼, 예수 그리스도의 이름으로 일어나는 사실이지요. 지금도 기도나 집회를 한 후에 성경책이나 손등 위에 금가루가 뿌려져 있는 것을 발견합니다. 이것은 주님께서 사람들에게 하나의 은혜의 표현으로 보여주시는 것이라고 생각합니다.

저는 원래 병 고치는 은사가 옛날부터 (15년 전) 있었는데 요즈음은 주님께서 영적, 신체적 문제를 위해 치유 은사를 쓰게 하시는 상황에 저를 많이 넣으십니다. 성령님의 은사의 역사가 사도시대 때에 끝났다고 가르치는 교파도 있는데, 아시다시피 성령님(하나님과 예수님의 영)의 역사는 사도행전의 사도들 때나 오늘 이 미국에서나 어느 나라에서나 변함 없이 영원하십니다.

> "믿는 자들에게는 이런 표적이 따르리니
> 곧 그들이 내 이름으로 귀신을 쫓아내며
> 새 방언을 말하며
> 뱀을 집어 올리며 무슨 독을 마실 지라도
> 해를 받지 아니하며
> 병든 사람에게
> 손을 얹은즉 나으리라 하시더라."
> (마가복음 16: 17, 18)

7. "오늘은 뭐 볼래?"
"세계종말 보여주세요."

난 다 알아요. 주님께서 저에게 천국의 재밌고 아름다운 곳들-천국랜드 유원지, 천국 스키장, 천국 샤핑 거리, 아이들의 축제, 황금의 종, 천국 일류 급 연회장, 유리 바다 속 은사 궁전, 보석 꽃 정원, 성인들 특급 궁전들 등등-도 보여주시고 우아한, 생전 입어보지 못했던 진짜 다이아나, 루비, 에메랄드, 핑크 사파이어 등이 몇 십 개가 박힌 드레스-S 사모님, 베라왕 드레스보다 천국 브랜드 드레스가 더 엘레강스하고 고급이었죠?-도 수 십 번 입혀주시고, 성경 체험 궁전에서 마치 타임머신을 탄 것처럼 그 성경의 이야기 상황 속에서 성경 인물들도 만나보고, 예수님도 더 깊게 알게 되고, 또 K 목사님의 아이들처럼 저에게도 큰 하얀 비둘기도 타고 흰 날개 달린 말도 타고서 천국의 신비로운 숲과 아름다운 새들과 천국의 전체 관광 구경시켜 주셨고, 또 불마를 주님과 함께 타고서는 밤하늘의 은하수도 보여주셨고, 또한 세 번째 하늘에 가서 주님의 보좌와 눈이 부시고 화려하기 그지 없는 수 만개 별들의 춤들도 보여주셨는데…………말이지요.

사실 주님은 오늘 제게 보여주신 '세계 종말'에 대한 메시지가 이 세상에 있는 모든 주의 자녀들에게 많이 많이, 빨리 빨리, 더더더더더더더더더더더 전달되기를 소망하십니다. 그것은 왜냐하면, 사탄이 우리들을 속여서, 다시 한번 말합니다, 사탄이 우리를 속여서 한 명이라도 더 지옥에 데리고 가려고 시도하고 있는 것 (구체적인 계획)이 있습니다요!!!!! 이것을 제가 여러분들에게 전달하는 것은

49

우리를 창조하신 하나님의 독생자이신 예수 그리스도께서 책으로 써서 전달하라고 명령하셨기 때문입니다.

지금 전 세계에서 매일매일 주님과 직접 대화하시고 환상도 보시며, 입신도 하셔서 천국, 지옥 방문하시고, 꿈으로 메시지도 받으시고 영혼 구원을 위해서 열심히 전도도 하시고 금식하시며 철야기도, 새벽기도도 하시는 주님의 군대의 사령관들과 군사들이 계십니다.

그런데 인간이 워낙에 고집이 세고 내가 믿고 싶지 않으면 안 믿어버리는, 누구도 말릴 수 없는, 자유 의지라고 하기에는 너무나도 센 그 무언가가 있지요. 저 역시 그랬으니까요. 그런데 이 부분에 있어서는 한 번만, 아니 백 번이라도 생각 해 보시고 기도 해 보시고 주님의 메시지를 가슴 깊이 새겨서 그 누구도 안타깝게 사탄의 교묘한 술책에 넘어가지 않기를 예수님 이름으로 간절히 기도, 기도, 기도 x (곱하기) 무한대 합니다. 그래요, 눈물 흘리며 합니다.

제가 지옥에서 많은 사람들이 상상도 할 수 없는 그 무시무시한 형벌과 고통을 받는 것을 보면서 가장 제 가슴에 남는 안타까운 분이 누구인 줄 아세요? 바로 인간의 조상 아담이셨습니다. 지금 지옥에서 가장 슬퍼하며 울며 후회하면서 뱀 (사탄)한테 속은 것을 가장 후회하고 있는 분은 우리 인간의 조상 아담이었습니다. 그는 지금 하나님을 너무너무 그리워하고 있었습니다. '내가 왜 뱀 (사탄)에게 속아서 이렇게 나를 만들어 주신, 나에게 이 지구와 그 안에 있는 모든 것을 주신 나의 아름다우신 창조주를 저 버렸던가? 나의 그 하나님, 나에게 "아담아! 아담아! 네가 어디 있느냐?"(창세기 3:9) 라고 물으셨던 그 하나님. 나와 하와가 금하셨던 선악과를 먹고 나서도 나에게 양의 가죽으로 옷을

50

만들어 주신 나의 하나님. 나의 아버지. 동물들을 창조하시고는 나에게 이름을 지어보라고 나의 숨겨진 능력과 창조력을 일깨어 주신 나의 창조주. 나의 주인이 나는 지금 너무 그립다. 오…… 내가 왜 그의 말씀을 가볍게 여기어 나의 후손들이 지옥으로 떨어지게 했을고? 나의 주. 나의 주님이, 나의 하나님이 너무도 그립다. 내가 왜 사탄에게 속았을까? 그가 나의 이름을 불러주셨었는데….그는 지금 어디에 계실까? 나의 창조주여, 거룩하신 나의 모든 것……나의 죄를 부디, 부디 용서하소서…용서하소서…용서하소서..나의 창조주여, 나의 아버지여, 나의 영원함이여…내가 당신을 그리나이다. 애타게 찾나이다…하나의 이 죄악이여, 너는 나와 나의 주인이신 주님과의 관계를 무참히도 끊어 놓았구나. 난 참으로 건방지고 교만하여 내가 하나님처럼 될 수 있다는 그 올무에 빠져버렸구나. 어린 아이가 엄마 품 속에서 젖을 빨며 재롱을 부릴 수 있는 그 행복을, 나는 나의 어리석음으로 나의 영적인 유괴범인 마귀에게 순간 마음을 주어서 나의 잘못으로 하나님에 대한 신의를 저버렸구나. 마귀의 자녀가 되어버린 결과는 이리도 비참한 것이었구나. 그 때는 생명나무의 열매보다는 이 선악과 보다 훨씬 좋아 보였는데…나는 선악과를 먹고 나서도 나의 아버지께 제대로 사죄도 하지 않았었지. 당신이 나를 위해 만들어주신 이 여자(하와)가 먹으라고 해서 그랬다고, 나는 비겁하게 핑계를 대었지. 나의 후손들에게 나는 무슨 짓을 한 것인가? 그래, 내가 지옥에 오는 것은 너무나도 당연한 것이야. 오, 나의 후손들이여 나를 용서 해 줄 수 있겠는가? 그대들은 부디 나처럼 타락한 천사인 그 사탄의 생각과 말을 아예 받아들이지 말기를 내가 이렇게 바라는데…문을 마귀에게 열어주는 순간 확 모든 것을 뺏어가 버리는 그 흉악한 도둑이요 강도를 경계해야 할 텐데…그래도 나의 창조주는 멋진 분이시지. 나의 잘못을 당신께서 직접 몸과 생명을 바쳐서 당신의 거룩한 피로써 영원한 생명의 길을 열어주셨으니, 나의 주님은 역시 멋진 분이지… 그런 분에게 사랑을 평생 받을 수 있는 기회를 나는 멍청이 같이 영원히 잃고 말았구나. 나는 왜 회개를 하지 않았을까? 나는 왜 나의 주님을 에덴 동산에서 쫓아내신 것에 대해서 원망만을 했을까? 그 원망 또한 마귀가 나를 이 지옥으로 보내게 하려는 술책이었는데…오…나는 너무나도 큰 과오를 범했노라…하나님께서 나를 만드시고는 무척이나 기뻐하셨는데, 그리고 아름다운 나의 짝도 만들어 주셨는데, 이 지상에 있는 모든 것을 잘 관리하라고 책임도 주셨는데, 날 믿으셨었는데, 난 관리는 커녕, 나의 창조주를 칼로 생명의 줄을 잘라버리듯 배반해 버렸지. 사실 이 선악과 안에는 지금 내 손 안에 쥐어진 이 썩은 선악과처럼 구더기가 득실거리고 나를 죽이는 사망의 씨앗이 들어있거늘……아버지여, 나의 죄악 때문에 당신의 가슴을 찢어지게 만들어서, 당신의 가슴에 영원히 피를 흘리시게 만들어드려서 제가 죄송합니다. 제가 이렇게 지옥 안에서 가시밭 위에서 뱀들의 조롱을 받으며, 까마귀가 매분 마다 가지고 오는 저 까만, 썩어버린 선악과를 영원히 먹고 있습니다. 그 안에 있는 구더기들을 제가 씹을 때마다, 당신께서 나 때문에 십자가에서 받으신 고통을 생각합니다. 감히 어디에 비교하겠나이까? 나의 주인이여, 인간의 맏아들로써 제가 범한 이 우주 만큼이나 큰 죄악을 부디 용서하소서. 나의 창조주시여, 나의 기쁨이시여…저를 만들어주셔서 감사하나이다. 내 비록 주님과의 약속을 지키지 못했으나, 저는 주님께서 저를 만들어 주시고 예뻐해 주신 것을 지금도 기억하며 진심으로 감사드립니다. 나의 아름다우신 창조주여…당신이 너무나 그리워서 그것이 저의 영원한 고통이 되었나이다. 주여, 어디에 계시나이까…나를 만들어주신 미쁘신이여, 제가 당신을 너무나도 그리워하나이다. 저를 찌르고 있는 이 가시의 고통보다, 벌레로 가득찬 이 선악과의 맛보다도 당신을 뵐 수 없는 이 고통이 너무나도 큽니다…어디에 계시나이까…나의 하나님이여…'

그랬습니다. 그는 저를 한참 동안이나 그의 앞에서 서 있게 했습니다. 한 인간의 진정한 회개는 다른 이의 가슴을 움직였습니다. 그러나 안타깝게도 기회가 지나가 버렸습니다. 저는 모릅니다. 그가 죽기 전에 어떠한 마음이었는지를요. 그러나 제가 본 것은 아담이 지금 지옥에 있었고 하나님을 가장 애타게 그리워하고 있다는 것입니다. 마귀에게 속은 것을 너무나도 후회하고 있었습니다. 그러나 그의 옆에서 수 십 마리의 뱀들은 속았던 그를 약 올리고 있었습니다. 그는 사방이 예수님께서 쓰셨던 가시관처럼 가시가 그의 발 밑에, 몸 밑에 온통 깔려있었고, 유황 못이 계속 그의 앞에서 끓고 있었습니다. 그리고 가시밭 위에 있는 죽은 나무에서 까마귀 한 마리가 구더기가 잔뜩 들어있는 썩은 까만 선악과를 그에게 먹으라고 매 분마다 날아다 줍니다. 아담은 그것을 피눈물 흘리면서 먹으며 하나님을 애타게 그리워했습니다.

선택이라는 것이 얼마나 두렵고 무서운 것인가를 알게 됐습니다. 자유 의지라는 것이 이렇게 무서운 것인지 몰랐습니다.

"음행하는 자와 혹 한 그릇 음식을 위하여 장자의 명분을 판 에서와 같이 망령된 자가 없도록 살피라. 너희가 아는 바와 같이 그가 그 후에 축복을 받으려고 눈물을 흘리며 구하되 버린 바가 되어 회개할 기회를 얻지 못하였느니라."
(히브리서 12:16-17)

　　제가 주님께 세계의 종말을 보여달라고 한 이유는 저의
이 천국과 지옥 방문 경험이 영원 구혼을 위해서 하나님께서
특별히 허락하신 것이라는 것을 알았기 때문입니다.

　　먼저 자유의 여신상이 보였으며 아주 큰 고층 건물들이
보였는데, 저는 곧 그곳이 미국의 뉴욕이라는 것을 쉽게 알 수
있었습니다. 시내에 많은 사람들이 걸어 다니고 차들도
다녔는데, 갑자기 지진이 시작되었습니다. 그런데, 어떤
남자가 이마에 바코드 (요즈음 상품에 보면 세로 줄무늬가
박혀있고 그 밑에는 여러 숫자가 쓰여져 있죠.)를 받은 것이
보였는데 그의 두 눈은 마치 죽은 영혼처럼 검은 눈동자가
눈의 윗부분으로 올라가 있었고 그의 배 안에는 새까만
커다란 뱀이 너무나도 편안하고 거만한 자세로 들어
앉아있었는데, 마치도, '음! 나는 이 영혼을 이미 정복했는걸?!'
이라고 자신감 있게 임무를 완수한 이의 표정을 하고
있었습니다. 그 바코드를 이마에 받은 남자의 영은 이미
사탄에게 팔린 것을 주님께서는 알려주셨습니다. 그리고 그
옆의 어떤 사람들의 심장 부분에는 빨간 성령의 불 십자가가
살아서 남아 있었는데, 그 빨간 성령의 불 모양의 십자가가
가슴에 있는 사람들은 하늘로 평화스럽게 올라가고
있었습니다. 제가 그것을 볼 때는, '아, 이것이 바로
휴거(Rapture)라는 것이구나'하며 알 수 있었습니다.

　　"그 때에 두 사람이 밭에 있으매 한 사람은 데려가고
한 사람은 버려둠을 당할 것이요

　　두 여자가 맷돌질을 하고 있으매 한 사람은 데려가고
한 사람은 버려둠을 당할 것이니라

54

그러므로 깨어 있으라 어느 날에 너희 주가 임할는지 너희가 알지 못함이니라." (마태복음 24:40-42)

보여주신 곳이 뉴욕이었다고 해서 그곳에만 지진이 일어난다고 생각하시면 곤란합니다. 지구 전체라고 생각하셔야 합니다. 그 중에 한 도시를 보여주신 것이니까요.

그리고는 어떤 사막 비슷한 곳에서도 지진이 났는데 역시 가슴에 **빨간** 생명의 십자가가 있는 사람들이 그 동굴 비슷한 곳에서부터 하늘로 올라갔습니다. 그런데 그때 사막 같은 곳에서 숨어있다가 휴거 되는 사람들을 주님은 저와 함께 보시면서, 다른 많은 영혼들을 구하려고는 하지 않고 숨어서 자신들의 목숨을 구하려고 숨어있었던 것을 기쁘게 생각하지 않으셨습니다.

그리고는 하늘이 아주 새까맣고 빛이 하나도 없는데, 바다도 검은 죽은 바다였는데 하늘에 있는 별들이 불이 되어서는 하나 하나 땅으로 떨어지자 그 떨어진 별은 유황불이 되어서 땅에 떨어지자마자 불이 일어났습니다.

그리고 두 번째, 세계 종말에 대해서 보여주신 장면은 다음과 같았습니다. 어느 백인 여성이 의자에 앉아 있었는데 옅은 갈색의 머리는 한쪽으로 묶여 있었고, 윗옷은 회색의 면 티셔츠를 입고 있었어요. 그녀는 약간 덩치가 컸으며 아이들이 있는 엄마처럼 보였습니다. 주님께서 저에게 말씀하시기를 그녀는 주님께 평소에 기도를 충실하게 하는 주님의 마음에 드시는 딸이라고 하셨습니다. 그녀의 옆에는 키가 큰 날개 달린 천사 한 명이 그녀를 보호해 주듯이 서 있었습니다. 그리고 그녀의 앞에는 로보트가 앉아 있는데 그 로보트는 마치 스타워즈 영화에 나오는 것 중에서도 철사랄까 금속선의 자세한 부분까지 다 속이 보이는, 철판으로 겉의 몸이

철판으로 덮여있지 않은 로보트가 그녀에게 마치 인터뷰를 하는 것 같았어요. 그들의 옆에는 커다란 컴퓨터가 있었는데 TV 방송국이나 영화 프로덕션에서 보는 복잡하고 고기능의 것으로 보였습니다.

"이 표(칩)을 받지 그래. 그래야 너도 네 남편도 네 아이들도 살게 아니야? 이 표(칩)을 안 받으면 어떻게 살려고 그래? 알잖아? 이 표(칩) 안 받으면 생존 할 수 없는 거." 라고 로보트는 그 여자에게 약간의 비아냥거리는 투로 의사를 물어보았습니다.

그러자 그 여인은 너무나도 대범하게,

"아니, 난 그 칩 절대로 받지 않아. 절대로 받지 않을 거야. 너희들의 계략을 난 다 아니까."

그러자 그 로보트는 컴퓨터에 있는 빨간 단추와 하얀 단추를 누르니까 그 여자가 앉고 있었던 의자에서 전류가 흘러서 그녀는 전기 고문을 당했습니다.

그러자 그 로보트는 그녀에게 다시 물어봤습니다.

"네가 안받고 베길 수 있을 것 같아? 죽고 싶어?"

그 말을 듣고 그 크리스천 여자는 이렇게 담대하게 얘기했어요.

"My Lord is Jesus Christ! (나의 주님은 예수 그리스도이시다!) 너희가 무엇을 계획하는지 다 알고 있지. 이 칩을 내가 받으면, 그 칩의 번호를 컴퓨터에 넣어서 나를 마인드 컨트롤 (생각과 마음을 조절하는 것) 하려는 거지? 그래서 나에게 사탄을 찬양하게 하려는 거 아니야!"

그 소리를 하기가 무섭게 영화에서 볼 수 있었던 강한 전기 고문이 의자에서부터 전류가 흘러나와 그녀는 실신 해

버렸고, 자동으로 들것 같은 것에 실려서 현대식 감옥으로 보내졌습니다.

이것을 저와 예수님은 함께 보았는데, 저는 그 장면을 보고는 놀랬지만 그렇게 놀라지는 않았던 것은, 송명희씨가 쓰신『표 (Chip 칩)』이라는 책을 읽었었고, 그리고 몇 년 전부터 저에게 어느 특정 이익 집단에 대해서 상세하게 교육시켜주신 목사님이 계셨기 때문에, 짐작했던 일을 주님께서 다시 확인시켜 주셨습니다.

주님께서 제게 말씀하셨습니다. 예를 들어, 만에 하나 어떤 교파의 높은 지위의 사람이나, 기독교의 유명하신 B 목사님이 '바코드를 이마에 받아도 되며, 표 (칩)을 손에 받아도 아무런 상관이 없다고, 그것은 짐승의 표가 아니라고 하며 그것을 받아도 된다고' 말씀 할지라도, 절대로 절대로 절대로 절대로 절대로 절대로 절대로 그 바코드를 이마에 받지 말 것이며, 그 작은 칩을 손에 받지 말라고 하셨습니다.

"그 표 (칩)을 받는순간 너희의 영은 사탄에게 팔리는 것이다"고 주님께서 말씀하셨습니다. 저는 여러분께 말씀 드렸습니다. 여러분께서 더 상세하게 알고 싶으시면 이리유카바 최께서 쓰신『그림자 정부』 <정치편>과 <미래사회편>, 그리고 데이빗 차께서 쓰신 『마지막 신호』를 읽어 보십시요.

"그가 모든 자 곧 작은 자나 큰 자나 부자나 가난한 자나 자유인이나 종들에게 그 오른손에나 이마에 표를 받게 하고

누구든지 이 표를 가진 자 외에는 매매를 못하게 하니 이 표는 곧 짐승의 이름이나 그 이름의 수라

지혜가 여기 있으니 총명한 자는 그 짐승의 수를 세어 보라. 그것은 사람의 수니 그의 수는 육백육십육이니라." (요한계시록 13:16-18)

그리고 주님께서 세 번째로 보여주신 것이 있습니다. 주님의 천사가 흰옷에 날개가 달린 천사였는데, 아주 커다란 백금 색깔로된 통에 있는 무엇인가를 미국 캘리포니아에 있는 '헐리우드'(HOLLYWOOD)라고 쓰여진 산에 부어대기 시작했습니다. 그것이 무엇인가를 자세히 보니까 그것은 바로 주님의 보혈이었습니다. 주님의 보혈이 그 헐리우드 싸인이 있는 산 꼭대기에서부터 밑으로 계속해서 하염없이 흘러내려 왔는데 그 보혈이 미국 영화의 프로덕션 회사들에까지 흘러 들어갔습니다. 그러더니 주님은 저에게 헐리우드에서 이미 사탄에게 영혼을 판자가 누구인지를 몇 명 보여주셨습니다. 그리고 그 중의 한 명이 나중에 저에게 와서 제가 쓴 영화 작품들 중에-저는 현재 배우이면서 미국 영화 시나리오 작가인데요-하나 달라고 해도, 계약액수가 크더라도 절대로 주어서는 안 된다고 하셨습니다. 왜냐하면, 그는 영화를 만들 때, 여러 장면 사이사이에 아이들이나 어른들에게나 영혼에 좋지 않은 장면을 삽입한다고 하셨는데, 그 삽입된 장면은 우리가 보통 눈으로는 쉽게 감별 할 수 없는 속도이고 그 삽입된 안 좋은 장면은 우리들의 영혼에 남아서 조금씩 우리의 영혼을 파 먹는다고 하셨지요. 지금 전 세계에서 헐리우드를 위해서 많은 분들이 기도하고 계신 것을 알고 있습니다.

그리고 흑암 문화를 만든 자들은 다 그에 대한 징벌을 받을 것이라고 하셨어요. 예를 들어, 자꾸 부부가 바람을 피우는 내용을 담고 그에 대한 정당화를 주장하는 드라마,

여자들이 무조건 돈 많은 남자들에게 시집가는 것이 성공하는 것이라고 신데렐라 컴플렉스를 인생의 목적인 것처럼 사회적으로 몰아가는 드라마, 물질만능주의를 퍼뜨리며 사람들로 하여금 돈을 우상으로 하겠금 자극하는 드라마, 시어머니나, 시아버지, 또는 장인 장모가 며느리나 사위를 미워하여 이혼시키게 하며 그것이 마치 당연한 문화로 이끌어가는 드라마-어느 유명한 드라마 작가가 동성연애는 주님 앞에서 회개할 죄 중에 하나인 것을, 마치 요즈음 유행하는 문화로써 당연화 시킨 부분에 있어서 그 작가가 회개하지 않으면 지옥에 가게 되는 모습을 보여주셨어요-등등을 시청률을 위해서, 돈을 많이 벌 수 있다고 해서 사람들의 영혼에 죄의 씨앗을 뿌린 자들은 회개해야 한다고 말씀하셨습니다. 사람들을 잔인하게 죽이는 것을 중심으로 살인하는 것을 필요이상으로, 하나의 즐거움으로 넣은 영화, 메시지를 위해서가 아닌 성행위를 보여주기 위해서 만든 음란 영화, 아이들을 폭력적으로 만드는 내용을 담은 게임을 만든 사람들은 물론 회개해야 한다고 하셨습니다.

"불의한 자가 하나님의 나라를 유업으로 받지 못할 줄을 알지 못하느냐.

미혹을 받지 말라. 음행하는 자나, 우상 숭배하는 자나, 간음하는 자나,

탐색하는 자나, 남색하는 자나

도적이나 탐욕을 부리는 자나, 술 취하는 자나, 모욕하는 자나,

속여 빼앗은 자들은 하나님의 나라를 유업으로 받지 못하리라."

(고린토전서 6:9,10)

저는 궁금한 것이 생겼습니다. 그렇다면, 크리스천 중에서 우리는 언제 휴거(하늘에 들리움을 받는 것)가 될 것인지. 그 휴거는 우리가 칩을 받아야 생존 할 수 있다고 협박 받기 전인지, 후인지 궁금했어요. 그리고 휴거가 안된 사람들을 도와야하는 사명자들은 어떻게 해야 하며 그리고……

주님은 제가 무슨 생각을 하고 있는 지 단숨에 아셨지요.

"이마에 바코드나 손에 칩을 처음에는 부드러운 분위기에서 줄 것이다. 칩을 정식으로 주고 나서 약 2년 반 후부터는 박해가 시작 될 것이다. 너는 복음을 전하다가 순교할 것이며, 내가 오기 전에 휴거를 은혜로 받을 자들이 있는데, 그들은 진심으로 울며 낱낱이 회개하고 나의 신부로서 깨끗한 세마포를 준비한 자들이다. 그렇지 않은 자들은 휴거가 될 수 없다. 그러나 휴거가 되지 않은 사람들은 끝까지 짐승의 표 (칩)을 받지 말아야 한다. 나의 자녀들이 잘 그 박해를 견디어내야 될텐데…(요한계시록 13:10) 잘 이겨내야 될텐데…" 하시며 주님은 본격적인 박해 전에 휴거가 안된, 회개와 성령으로 거듭남이 안된 사람들을 걱정하셨습니다.

"그러나 너희들이 금식하며 기도하고 철야기도, 새벽기도 하며 진심으로 회개하고 기도하는 자들 중에서 휴거가 되지 않고 비록 심한 박해 때에 남아있더라도, 다니엘의 세 친구가 풀무불에서도 살아난 것처럼(다니엘 3:26), 또한 다니엘이 사자굴 속에서도 살아난 것처럼(다니엘 6:22), 기도하며 믿는 자들에게는 성령께서 역사 하실 것이다." 고 말씀하셨습니다.

60

그리고는 제가 아는 분 적어도 세분은 박해 때 남아서 감옥에 있는 사람들에게 성경 말씀도 (그때는 성경이 없으니까 머리에, 마음에 외우고 있는 성경 구절을) 전해주면서 사람들이 끝까지 포기하지 않도록 기도해 주고 용기를 북돋아 주는 사명자 역할을 할 것을 보여주셨습니다.

주님께서 이렇게 표현하셨습니다. "너희들은 참 재밌다."

"뭐가요, 주님?"

"아니, 사도 바울이 천국에 갔었다고 쓴 얘기는 믿고 (고린도후서 12장:2-3), 그리고 베드로가 지붕 위에서 하늘에서 내려온 보자기에 담겨있는 동물들을 잡아 먹으라고 본 환상 이야기도 믿고 (사도행전 10:9-20), 베드로가 감옥에 갇혀 있을 때 천사가 나타나서 그를 옥에서 구해 준 이야기도 믿고 (사도행전 12:7-10), 심지어 사람들이 바울의 몸에서 손수건을 가져다가 병든 사람에게 얹으면 그 병이 떠나고 악귀도 나간 것을 믿고 (사도행전 19:11-12), 지금이 마지막 때인 것은 아는지 너희들이 관심 갖고 보는 요한계시록은 열심히 읽고 믿으면서, 왜 성령님께서 내가 택한 자들에게 계시 해 주는 환상이나, 직접 너희들을 천국에까지 불러서 천국을 보여주고 중요한 메시지를 주는 것은 '신비주의'라고 하면서 안 믿는 것이냐? 그렇게 영 구별을 못하고, 그렇게 기적을 못 믿으면 내가 어떻게 박해 때에 너희들에게 만나의 기적을 보여주고, 천사들을 보내어 기적으로 너희들을 도울 수 있겠느냐? 성령께서 지금도 너희들 가운데 역사하셔서 병들을 낫게 하시고 사람이 더 거룩해지게 하시며, 그리스도의 사랑에 가까워지고 그리스도의 향기가 나는 사람으로 변화시키시는 것이 그리도 믿기가 힘든 것이냐? 이런 것은 사탄의 공격이니 조심하고, 이런 것은 하나님께서 원하시는 급한 일이니 하루

속히 영원 구원에 힘쓰고, 더 많이 깨어서 기도하고, 서로 사랑하고 하나가 되어야 하며, 성령의 불로 사람들 안에 있는 마귀들을 없애서 내가 지구상에서 했던 일들을 너희를 통해서 성령님의 힘으로 계속하려는 것인데 그것이 왜 신비주의인 것이냐? 너희가 남들처럼 방언을 못한다고 그들을 신비주의라고 부를 것이냐? 너희가 병을 고치는 은사가 없다고 병을 고치는 나의 종들을 이단 취급할 것이냐? 너희가 예언하는 은사가 없다고 성령님을 통해서 주신 예언을 무시하는 것이냐? 너희가 환상과 계시를 보고 받는 은사가 없다고 그들을 사이비 취급 할 것이냐? 노아서부터, 아브라함, 이삭, 야곱, 요셉, 모세, 여호수아, 사무엘, 나단, (다윗왕 때 선지자), 솔로몬, 엘리야, 엘리사, 이사야, 예레미야, 에스겔, 다니엘, 호세아, 요엘, 아모스, 오바댜, 요나, 미가, 나훔, 하박국, 스바냐, 학개, 스가랴, 말라기, 오순절에 성령강림 때 있었던 모두, 베드로, 스데반, 빌립, 바울, 사도 요한은 꿈, 환상과 계시, 또는 나의 천사를 통해서, 또는 나의 말을 직접 성령을 통해서 전해 들었다. 모세는 직접 대면하였다는 것을 알지 않느냐? 내가 승천할 때에 분명, 너희를 도와주실 보혜사 성령님을 보낸다고 하지 않았느냐? 그런데 너희는 지금 성령께서 역사하시지 않는다는 것인가? 내가 분명히 말한다. 어느 누구든지 성령의 역사를 비난하거나 비웃거나 업신여기거나 전세계에서 주의 신실한 종들을 통하여 일하고 계시는 성령의 인도하심을 너희들의 마귀와도 같은 교만함으로 중상모략 한다면, 성령훼방죄로 지옥에서 너희들의 그 교만함과 너희들만의 자만심에 대한 댓가를 톡톡히 치르게 될 것이다."

아이고 무서워라. 주님께서는 인자하실 때는 한없이 인자하시지만 역시 공의의 하나님이시므로, 꾸중을 하실 때는 굉장히 무섭습니다. 주님께서는 사람들의 마음을 꿰뚫어 보심으로 이 시대에 믿는 사람들이건 안 믿는 사람들이건 간에 성령님의 역사를 인정 안 하는 사람들이나 특히, 주의 종들에게 굉장히 노하셨습니다.

"하나님의 나라는 말에 있지 아니하고 오직 능력에 있음이라."

(고린도전서 4:20)

8. 삼자대면 하다.
예수님과 나와 마리아님.

　　저에게 예수님께서 이 책을 쓰라고 하신 또 다른 이유를 알고 있습니다. 제가 가톨릭(천주교)에서 기독교로 바꾸게 되면서 알게 된 몇 가지 중에서 제가 몰랐던 부분을 많이 알게 된 것이 있는데, 저는 예수 그리스도의 보혈과 사랑 안에서, 오로지 복음 안에서 천주교와 기독교가 하나가 되게 해달라고 기도를 상당히 오래했었습니다. 제가 가톨릭일 때 어느 신부님이 쓰신 얇은 책을 읽고는 예수님께서 잡히시기 전에 기도하셨던 "아버지여, 아버지께서 내 안에, 내가 아버지 안에 있는 것 같이 그들도 다 하나가 되어 우리 안에 있게 하사 세상으로 아버지께서 나를 보내신 것을 믿게 하옵소서." 를 또한 저의 기도로 품게 되었지요.

　　저는 지금 천주교와 기독교 중에서 어느 것이 옳고 그르다라고 다투는 그런 낮은 수준에서 이야기를 하는 것이 아닙니다. 천국과 지옥에 갔다 와 보니까, 천주교도, 기독교도, 둘 다 잘못 가르치고 있는 부분들이 있는데 그것 때문에 우리가 지옥에 갈 수 있게 되어있다는 것을 발견했기 때문입니다. 저의 사랑하는 엄마와 아빠 그리고 위의 네 명의 언니들 모두는 지금 천주교입니다. 그리고 제가 사랑하고 있는 많은 분들이 천주교이시며, 제가 사랑하고 있는 많은 분들이 또한 기독교입니다. 저는 우리 모두가 하나님과 예수님, 그리고 성령님을 바로 알아서 예수 그리스도의 보혈과 성령으로 거듭나서 우리가 사랑의 사람이 되고, 행위도 거룩해져서, 경건해져서, 모두가 천국에 가기를 기도합니다.

　　가슴으로 울면서 이 글을 여러분에게 올립니다.

어느 날, 입신하여 주님과 천국에 갔는데, 그 곳은 천국임에도 불구하고 굉장히 외롭고, 기쁜 분위기의 곳이 아니었습니다. 먼저 천국에서는 초록색의 풀밭이 다 짙은 에메랄드로 되어 있는데, 그 곳에는 노랗게 말라버린 잔디가 듬성 듬성 나 있었고 어떤 짙은 고동색 나무로 만들어진 그리 작지도 않고 크지도 않은 창고라고나 할까요, 허름한 곳이 있었습니다. 그 나무로 된 창고 안에는 저 끝에 어떤 나이드신 분께서 십자가 앞에 무릎을 꿇고 계셨는데, 마치 벌을 서고 있는 것처럼 양 손을 들고 있었는데, 한 손에는 약간 흰 뱀이 감고 있었고, 다른 한 손은 노란 뱀이 감고 있고, 다리와 발목은 짙은 회색빛의 굵은 구렁이가 묶고 있었어요. 그분은 "주여 용서하소서, 주여 용서하소서" 계속 말하고 있었습니다. 그리고 그 분 앞에는 어른 천사가 돌그릇에 물을 담아 서 있었는데, 마치도 그 분을 감독하고 있는 듯 했습니다. 그 장소 안에는 창문이 있었고 거기에는 거미줄이 쳐져 있었습니다. 그리고 바닥에는 뱀 몇 마리가 있었습니다. 그런데, 저는 깜짝 놀랐습니다. 그 분은 바로 제가 어릴 때 성당 다닐 때 세례성사를 받고 나서 견진성사 (기름부음을 받는 것으로 천주교에서는 집사, 권사 같은 직분이 없고, 약간 신앙 생활에서 조금 성숙한 수준의 교육을 받고서 받는 7성사 중 하나임)을 저에게 직접 주신 지위가 매우 높으셨던 가톨릭의 성직자, 추기경님, 바로 그 분이었습니다. L 신부님, 그분이 누구신 줄 아시겠나요? 신부님이 한국의 Y 성당에 계셨을 때예요. 그분은 옛날에 한국에서 천주교를 박해할 때에 L 신부님을 유럽으로 피신시켜주신 고마운 분이라고 하셨던 것을 기억합니다. L 대모님, 그분이 누구이신 줄 아시겠나요? 저는 믿겨지지가 않아서 다시 한번 정확히 그분의 얼굴을 확인 했는데, 주님께서는 "네가 생각하고 있는 그 사람이 맞다."라고 하셨습니다. 행위로 치자면 내가 그분 보다 훨씬 더 많은 죄를 지었을텐데라고 생각했습니다. 저는 주님께 여쭈어봤습니다. "주님, 저분은 왜 여기에 있나요?"

"그가 몸담던 천주교에서는 십계명 두 번째를 십계명에서 뺐으며, 또한 출애굽기 20장 4절을 온 천주교 사람들에게 잘못 교육시켰으며, 잘못된 것을 알면서도 자신의 성직자로서의 높은 지위와 명예 때문에 고치려 하지 않았다."라고 말씀하셨습니다. 제가 하도 놀라하니까 예수님께서 그 어두운 곳에 있는 그분을 저에게 4번 보여주셨습니다.

저는 천주교와 기독교의 십계명이 어떻게 다른지 비교해 보았더니 다음과 같았습니다.

십계명 (출애굽기 20:3-17)

	천주교 (로마 가톨릭)	기독교
1	한 분이신 하느님을 흠숭하여라	너는 나 외에는 다른 신들을 네게 두지 말라 (출 20: 3)
2	하느님의 이름을 함부로 부르지 마라	너를 위하여 새긴 우상을 만들지 말고 또 그 위로 하늘에 있는 것이나 아래로 땅에 있는 것이나 땅 아래 물 속에 있는 것의 어떤 형상도 만들지 말며 그것들에게 절하지 말며 그것들을 섬기지 말라

천주교 (로마 가톨릭)		기독교
		(출20: 4, 5)
3	주일을 거룩히 지내라	너는 네 하나님 여호와의 이름을 망령되게 부르지 말라 (출20: 7)
4	부모에게 효도하여라	안식일을 기억하여 거룩하게 지키라 (출20:8)
5	사람을 죽이지 말라	네 부모를 공경하라 (출20:12)
6	간음하지 마라	살인하지 말라 (출20:13)
7	도둑질하지 마라	간음하지 말라 (출20:14)
8	거짓 증언을 하지 마라	도둑질하지 말라 (출20:15)
9	남의 아내를 탐내지 말라	네 이웃에 대하여 거짓 증거하지 말라 (출 20:16)
10	남의 재물을 탐내지 마라	네 이웃의 집을 탐내지 말라 (출20:17)

제가 어둡고 쓸쓸한 곳에서 뵌 천주교의 높은 지위에
계셨던 분은 위에서 보시는 바와 같이 출애굽기 20장 4절,
5절을 양들에게 어기게 가르치셨다고 주님께서 말씀하셨는데,
바로 "너를 위하여 새긴 우상을 만들지 말고 또 그 위로
하늘에 있는 것이나 아래로 땅에 있는 것이나 땅 아래 물

68

속에 있는 것의 어떤 형상도 만들지 말며 그것들에게 절하지 말며 그것들을 섬기지 말라. 나 네 하나님 여호와는 질투하는 하나님인즉 나를 미워하는 자의 죄를 갚되 아버지로부터 아들에게로 삼사 대까지 이르게 하거니와 나를 사랑하고 내 계명을 지키는 자에게는 천 대까지 은혜를 베푸느니라." (출애굽기 20:4-6)

여러분도 아시다시피 천주교(가톨릭)에서 어머니 마리아 동상을 만들고 그 앞에 성호를 그으며 경의를 표하게 하는 것, 또는 성모상이나 사진, 그림 앞에서 무릎을 꿇고 기도하게 하는 것, 때로는 돌아가신 교황님 사진이나 베드로 동상이나 요한 동상 등 성인들 동상 앞에서 경의를 표하고 기도하게 하는 것. 그 앞에 촛불을 갖다 놓으며 소원의 기도를 드리게 하는 것 모두가 출애굽기(천주교에서는 탈출기) 20장 4절, 5절 즉, 성경에 나온 제 2 십계명을 어기는 것이 되었습니다.

"하나님은 한 분이시요 또 하나님과 사람 사이에 중보자도 한 분이시니

곧 사람이신 그리스도 예수라" (디모데전서 2:5)

"이와같이 성령도 우리의 연약함을 도우시나니 우리는 마땅히 기도할 바를 알지 못하나. 오직 성령이 말할 수 없는 탄식으로 우리를 위하여 친히 간구하시느니라" (로마서 8: 26)

"아무것도 염려하지 말고 다만 모든 일에 기도와 간구로, 너희 구할 것을 감사함으로 하나님께 아뢰라. 그리하면 모든 지각에 뛰어난 하나님의 평강이 그리스도 안에서 너희 마음과 생각을 지키시리라." (빌립보서 4: 6-7)

"다른 이로써는 구원을 받을 수 없나니 천하 사람 중에 구원을 받을만한 다른 이름을 우리에게 주신 일이 없음이라 하였더라." (사도행전 4:12)

"예수께서 이르시되 내가 곧 길이요 진리요 생명이니 나로 말미암지 않고는 아버지께로 올 자가 없느니라." (요한복음 14: 6)

　　사랑하는 가톨릭 신자 여러분, 성경 어디를 보아도 어머니 마리아를 통해서-묵주기도 (로사리오-어머니 마리아께 장미꽃을 바치듯이 환희 신비, 고통 신비, 부활 신비, 빛의 신비를 묵상하며 '은총이 가득하신 마리아여 기뻐하소서. 주께서 함께 계시니 여인 중에 복되시며 태중의 아들 예수 또한 복되시나이다. 천주의 성모 마리아여 이제와 우리 죽을 때에 우리 죄인을 위하여 빌으소서.) 통하여 하나님께 기도하라는 곳은 나오지 않습니다. 가나안에서 예수님이 어머니 마리아의 부탁으로 물이 포도주가 되게 한 첫 기적이요? (요한복음 2장 1-12) 그 것 딱 하나 가지고 지금 몇 십년을 사용하시고 있는 것입니까? 모든 가톨릭 신자들에게 예수님보다 어머니 마리아를 숭배하고 의지하게 하는 수준으로 끌고 가기에는 이제 천주교 신자 분들이 상당히 똑똑하십니다. 말로는 어머니를 예수님의 어머니였다고 존경하는 것이라 하지만, 인간이신 어머니 마리아를 예수님처럼 인간이자 신인 수준으로 어거지로 끌어올리고 있지 않습니까? 마리아가 원죄가 없이 태어났다던가, 마리아가 예수님처럼 하늘로 승천했다던가, 마리아는 성령으로 예수님을 낳으시고 난 후에도 요셉과의 사이에 자녀가 없었다고 평생 동정이라고 주장한다던가. 휴……제가 꼭 로마 가톨릭의 전대 교황님 중 한 분도 지옥에 계신 것을 지옥에 가서 보았다고 노골적으로 간증해야 하나요? Please wake up! (제발 깨어나십시오!)

"내 이름으로 무엇이든지 내게 구하면 내가 행하리라."
(요한복음 14:14)

자, 존경하는 천주교 신자 여러분, 보시다시피 예수님께서 요한복음 14장 14절에, 뭐라고요? "내 이름 (예수 이름)으로 무엇이든지 구하면 내가 행하리라."라고 하셨는데, 약속을 하셨는데, 그렇다면 여러분은 예수님의 말씀, 즉 하나님의 약속을 믿을 수 없으므로 어머니 마리아께 묵주기도를 15단, 100단, 천 단씩 바치시는 건가요? 주님께서 싫어하시는 것이 불신앙이잖아요. 하나님의 언약을 안 믿는 것은 죄지요.

저는 2011년 2월 2일 아침 7시 부터 아침 9시 28분까지 입신해서 51번째 예수님을 뵈었을 때 말씀드렸습니다. "제가 이 글을 쓰게 하신 것은 주님께서 모든 하나님의 자녀들이 제대로 알고 모두가 천국으로 가는 것을 원하심으로, 저는 정확하게 알아야겠습니다." 고 말씀 드렸더니, 저를 먼저 세계선교대책 회의소에 데리고 가시더니 거기에는 예수님이 의장이시며 그리고 옆에는 어머니 마리아, 그리고 12 사도들과 사도 바울이 계셨습니다. 제가 천주교 신자들이 잘못 인도 받고 있는 부분을 알려달라고 했습니다. 왜냐면 천주교의 행실 좋기로 평이나신 높은 지위의 분도 그 어두운 곳에서 뱀에 묶여서 사죄를 하고 계심으로-2천년 동안 그 곳에서 있어야한다고 했습니다. 참고로 예수님이 십자가에 못박히셨을 때 한쪽에 있었던 십자가의 (회개한)강도는 회개소(?)에서 천 년을 회개하고 나왔다고 했습니다. (B 목사님도 만나고 오셨습니다.)- 당연히 확실하게 들어야겠다는 의무감이 제게 있어서지요. 그러자 우리는 사도들 앞에서 애기를 나누다가 어느새 예수님과 저와 어머니 마리아만 예수님과 항상 가는 저의 궁전 앞 바닷가의 황금 모래 위에 바다를 바라보며 셋이서 나란히 앉았습니다.

헬레나: 예수님도 어머니 마리아님도 알고 계실 거에요. 천주교이던 기독교이던 지금 잘못 가고 있는 부분을 적어도 제가 모두에게 알려야한다는 걸요. 잘못 가고 있는 부분을 안 고치면, 회개 안 하면 거의가 지옥에 가는 것을 이미 보여주셨으니까요.

예수님: 그렇지.

헬레나: 예수님, 저에게 이미 지옥에 보내진, 그리고 앞으로 회개(악의 행동에서 완전히 돌아서는 것)하지 않으면 지옥으로 보내질 기독교의 목사님들을 주님께서 보여주신 것처럼, 가톨릭 (천주교)의 신부님이나, 추기경님, 수녀님들이 회개하지 않으면 지옥으로 보내지는 것도 주님께서 보여주셨잖아요? 천주교의 아주 높은 지위의 분(교황)도 이미 지옥에서 마귀들에게 놀림 당하며 어떻게 무시무시한 형벌을 받고 있는 지 제가 입신해서 지옥에서 본 것도 아시지요. 그리고 지난번에 우상 숭배자들이 받는 (전기구이 통닭처럼 쇠막대기에 관통되어서 유황불 위에서 천천히 돌아가는 벌) 사람들 중에서 제가 알고 있는 천주교 신자들이 있었잖아요. 확실하게 설명해 주세요. 네? 주님.

어머니 마리아: 나는 너희들처럼 하나님의 크신 은혜를 받은 주의 종 중의 한 사람이란다. 가톨릭(천주교) 신자들이 나를 예수님의 어머니로 공경해 주는 것은 고맙지만, 너희가 나의 모습을 동상으로 만든다던지 나의 동상에게 절을 하거나 무릎을 꿇거나, 나의 동상에 경의를 표하는 것은 하나님의 뜻과 계명에 맞지 않는 일이다. 기도는 예수님의 이름으로 성령님과 함께 하나님 아버지께 바쳐지어야 하고.

72

헬레나: 그럼, 어머니. 묵주기도는 뭐에요? 왜 열심인 천주교 신자들은 어머니께 묵주기도를 하는 거에요? 주님, 주님께서 정말 어머니께 묵주기도를 하면 예수님께서 도와주신다고 하셨나요?

예수님: 천주교는 복음에 자기 종교를 위해서, 복음이 아닌 것을 너무 많이 더하고 왜곡했다. 성경에 써 있는 하나님의 말씀은 영원하며 진리이다. 천주교의 주장대로 어머니 마리아께서 원죄 없이 태어나셨다면, "모든 사람이 죄를 범하였으매 하나님의 영광에 이르지 못하였고." (로마서 3:23)의 아버지의 말씀이 거짓이라는 것이냐? 야고보가 마리아께서 나으신 아들이며 그가 성경(야고보서)을 쓴 것을 네가 배워 알지 않느냐? 성경에 나의 형제들이 나온 부분을 알려주어라. 누구든지 성령의 감동으로 쓰여진 성경에 있는 말씀을 바꾸거나 거짓으로 가르치는 자들은 회개치 않으면 지옥을 면치 못할 것이다.

마리아 어머니: 나는 아이들을 돌보러 이만 가야 되겠다. 다음에 회의 때 보자꾸나, 헬레나.

헬레나: 네, 어머니.

내가 너무 직선적으로, 흥분하면서 여쭤봤나? 어머니 마리아께서는 사람들이 어머니를 너무 우상화하고 숭배해서 죄를 짓게 되는 부분에 있어서 민망해 하셨습니다. 어머니가 먼저 가시고 나서, 예수님과 저는 항상 타는 큰 흰 보트를 타고 제가 궁금해 하는 여러 가지를 여쭈어보고, 천국연회장에 가서 주님과 팔장끼고 어린이 같이 경쾌한 무용을 하고나서 천국의 여러분들-사도 바울, 모세, 십보라, 베드로, 사도 요한등-의 배웅을 받은 후 천사 나니엘과 우리 천사들 팀의 안내로 보석 꽃마차를 타고 제가 있는 곳으로 도착하고나서,

주님께서 성령의 불을 주셔서 감사하게 성령의 불 세례를 받았습니다.

제가 기독교로 옮기고 나서 처음 놀란 것은 가톨릭에서는 어머니 마리아를 평생 동정으로 가르쳤는데- 천주교는 미사(예배)드릴 때 이렇게 사죄 기도를 하며 시작합니다. "전능하신 천주와 형제들에게 고백하오니 과연 생각과 말과 행위로 죄를 많이 지었으며 또한 자주 의무를 소홀히 하였나이다. 내 탓이요, 내 탓이요, 내 탓이로소이다. 그러므로 간절히 바라오니 평생동정이신 성모마리아와 모든 성인과 형제들은 저를 위하여 우리 주 천주께 빌어주소서." 라고요- 성경의 이곳 저곳에 예수님의 형제들이 있었다는 이야기가 나오는 것을 알고는 천주교에서는 지금 뭔가를 숨기고 있고 진실을 가르치고 있지 않구나를 알았습니다.

"그 때에 예수의 어머니와 동생들이 와서 밖에 서서 사람을 보내어 예수를 부르니" (마가복음 3:31)

"무리가 예수를 둘러 앉았다가 여짜오되 보소서. 당신의 어머니와 동생들과 누이들이 밖에서 찾나이다." (마가복음 3:32)

"이사람이 마리아의 아들 목수가 아니냐. 야고보와 요셉과 유다와 시몬의 형제가 아니냐. 그 누이들이 우리와 함께 여기 있지 아니하냐 하고 예수를 배척한지라." (마가복음 6:3)

"그 후에 예수께서 그 어머니와 형제들과 제자들과 함께 가버나움으로 내려가셨으나 거기에 여러 날 계시지는 아니하시니라." (요한복음 2:12)

"이는 그 형제들까지도 예수를 믿지 아니함이러라." (요한복음 7:5)

74

"여자들과 예수의 어머니 마리아와 예수의 아우들과 더불어 마음을 같이하여 오로지 기도에 힘쓰더라."(사도행전 1:14)

※ 그리고 로마 가톨릭 (천주교)에서는 술과 담배를 강하게 금지하지 않으나, 신부님들도 하시니까요. 그런데 술과 담배을 하는 자들은 천국에 갈 수 없었습니다.

"포도주는 거만하게 하는 것이요 독주는 떠들게 하는 것이라. 이에 미혹되는 자마다 지혜가 없느니라."(잠언 20:1)

"재앙이 뉘게 있느뇨, 근심이 뉘게 있느뇨, 분쟁이 뉘게 있느뇨, 원망이 뉘게 있느뇨, 까닭 없는 상처가 뉘게 있느뇨, 붉은 눈이 뉘게 있느뇨. 술에 잠긴 자에게 있고 혼합한 술을 구하러 다니는 자에게 있느니라."(잠언 23:29-30)

"포도주는 붉고 잔에서 번쩍이며 순하게 내려가니 너는 그것을 보지도 말지어다. 그것이 마침내 뱀 같이 물 것이요, 독사같이 쏠 것이며."(잠언 23:31-32)

"평강의 하나님이 친히 너희를 온전히 거룩하게 하시고 또 너희의 온 영과 혼과 몸이 우리 주 예수 그리스도께서 강림하실 때에 흠 없게 보전되기를 원하노라."(데살로니가전서 5:23)

"하나님의 뜻은 이것이니 너희의 거룩함이라."(데살로니가전서 4:3)

"투기와 술 취함과 방탕함과 또 그와 같은 것들이라. 전에 너희에게 경계한 것 같이 경계하노니 이런 일을 하는 자들은 하나님의 나라를 유업으로 받지 못할 것이요."(갈라디아서 5:21)

자, 이제 지옥에 다녀와서 알게 된 기독교에서 잘못 가르치고 있는 부분을 말씀드려 보겠습니다. "물론 영접하는 자 곧 그 이름을 믿는 자들에게는 하나님의 자녀가 되는 권세를 주셨으니" (요한복음 1:12)임으로 예수님을 믿고 영접하면 하나님의 자녀가 되지만 "사람이 물과 성령으로 나지 않으면 하나님의 나라에 들어갈 수 없느니라"(요한복음 3:5)의 말씀처럼 믿음만이 아니라 그 사람의 행동과 인격이 그리스도인으로써 갖추어져 있어야 했으며 옛날에 어릴 때서부터 지은 죄부터 하나하나 회개하지 않으면 지옥에 떨어지는 것을 알 수 있었어요. 그러므로 우리는 매일 매일 예수님의 피와 성령의 불로 우리의 모르고 있는 죄까지도 씻어달라고 태워달라고 기도 해야된다는 것을 알았습니다. 기도하면 회개해야 할 부분을 알려주시지요. 그리고 거룩하고 경건하지 않으면 천국에 갈 수 없다는 것을 알았습니다.

"이와 같이 행함이 없는 믿음은 그 자체가 죽은 것이라." (야고보서 2:17)

★ 예를 들어 지옥에서 놀란 것 중의 하나는 혀로 짓는 죄에 대한 형벌도 컸다라는 것입니다. 어느 두 여자의 혀가 아주 크고 기다랗게(가로는 각자 얼굴의 두 배이고 혀의 길이는 각자의 키의 정도였는데) 둘의 혀는 쇠고리로 서로 연결되어 있었으며 각자가 서 있는 발 밑에는 발 하나의 사이즈의 돌인지 바위인지 위에 겨우겨우 서 있었고, 철철 흐르는 유황 못 위에 있어서 중심잡기가 힘든 데다가 둘의 혀가 연결되어 있는 것이 축 쳐져 있어서 유황 못이 출렁일 때마다 둘이 호흡을 맞추어서 위로 뛰지 않으면 칙---하고 그 유황 탕에 혀가 타게 되어 있었어요. 그리고 연결된 혀의 쇠고리 부분에서부터 피가 났지요. 그런데 그 두 여자는 얼마나 욕을 해 되는지…..휴…..처음부터 끝까지 욕이며 서로를 미워하는 말이었습니다. 혀가 묶여있는데 어떻게

말하냐구요? 제가 앞에서 말씀드렸죠? 천국이나 지옥에서는 입을 뻥끗거리지 않아도 영감으로, 마음으로 대화한다고요.

여자 1: 이 쌍년아! 똑바로 못 뛰어? 너 때문에 내 혀 다 타잖아, 이 미친년이 정신나간거 아니야?

여자 2: 이 개 같은 년이 뭔 소릴하고 자빠져있는 거야? 이 재수없는 년! 너나 잘 뛰어 이 씨발년아! 뜨거워죽겠는데, 왜 자꾸 말시켜, 이 우라질 년이!

그리고 그들의 옆에는 다른 두 명이 역시 혀가 사람 허리 두께와 자기들의 키 사이즈 만큼 길게 늘어뜨려져서 쇠고리로 서로의 혀가 묶여있었는데, 그 둘의 관계는 죽은 시아버지와 죽은 며느리였습니다. 그들도 역시 발아래 있는 유황탕 때문에 서로가 함께 타이밍을 맞추어서 뜀뛰기를 했어야만 했습니다.

시아버지: "저 쌍년이 왜 여기까지 쫓아와서 날 괴롭히는거야? 이 재수없는 년아! 이 씨발년아, 너 똑바로 못해. 저 개 쌍년 같으니라구."

그러자 며느리도 질세라 마구 욕을 퍼부어 댔습니다.

며느리: "저 늙어빠진 개새끼가 왜 날 평생을 쫓아다니는거야, 근데? 저 미친 노인네가. 네 얼굴만 보면 내가 치가 떨려, 이 좆 같은 새끼야. 입 닥치지 못해? 저 늙은 늑대같으니라구. 미친놈. 지랄하고 있네"

저는 그 사람들의 대화 소리를 들으니 지옥이 아닌 이 지구상에서 어떤 사람들은 간혹 저렇게 서로를 미워하고 저주하며 욕한다는 것이 기억이 났습니다. 예수님께서 이렇게 말씀하셨습니다. "저들은 혀로 죄를 지은 자들이며 혀로써 남을 욕하고 비판하고 미워한 죄니라." 그리고 누구든지 그러한 행동들을 회개하지 않으면 이곳 지옥에서 이렇게 저들과도 같이 형벌을 받을 것이라고 하셨습니다. 그리고 "남을 미워하는 것은 살인하고 똑같다"고 말씀하셨습니다.

"혀는 곧 불이요 불의의 세계라 혀는 우리 지체 중에서 온 몸을 더럽히고 삶의 수레바퀴를 불사르나니 그 사르는 것이 지옥불에서 나느니라.

혀는 능히 길들일 사람이 없나니 쉬지 아니하는 악이요 죽이는 독이 가득한 것이라. 이것으로 우리가 주 아버지를 찬송하고 또 이것으로 하나님의 형상대로 지음을 받은 사람을 저주하나니

한 입에서 찬송과 저주가 나오는도다. 내 형제들아 이것이 마땅하지 아니하니라." (야고보서 4:6,8,9,10)

★ 엘리사에게 거짓말을 했던 게하시 (열왕기하 5장)도 지옥에 있었습니다. 그의 혀 또한 얼굴의 두 배 사이즈에 길이는 배꼽까지 내려왔었는데, 혀에 딱정벌레, 까만 벌레, 그리고 구더기가 파먹고 있어서 피가 났는데, 조금 있다가 뜨거운 불덩이가 붙은 인두가 '칙—' 하고 그의 혀의 아래부분을 지졌습니다. 그러자 그는 너무도 뜨겁고 고통스러워서 "으악---"하고 소릴 질렀으며 그 인두는 조금씩 그의 혀에 댄 상태에서 위로 말아 올라갔습니다.

♨ 여기서 잠깐 지옥에 갔다올까요?

★ 어느 여자의 머리가 대롱대롱 매달려 있는데, 그 머리에는 성직자의 유니폼이 입혀져 있었습니다. 그리고는 그녀의 몸은 따로 의자에 앉혀져 있는데 역시 몸에도 성직자의 옷이 입혀져 있었습니다. 그러더니 그 치마 속으로 갖가지 색깔의 뱀들이 들어가더니 여자의 몸 안으로 파고들어갔습니다. 주님께서는 말씀해 주셨습니다. 하나님께

78

거룩한 몸을 바치겠다고 서원을 했는데 다른 남자들-성직자를 포함해서-과 몸을 더럽힌 죄라고 하셨습니다.

★ 어느 남자가 양복을 입은 채로-그 옷은 좀 좋은 감의 옷으로 보였는데-지폐 돈을 세고 있었습니다. 그 옆에는 성경책이 놓여 있었습니다. 그 성경책이 열리더니 그 성경책 안에 가득하게 (도시락처럼) 그 안에는 보라색의 굵은 지렁이들이 살아서 움직이고 있었습니다. 그리고는 그는 그 성경책에 가득한 지렁이들을 다 먹어야만 했습니다. 그러자 그 지렁이들은 그 남자의 입안에서 그 남자의 몸의 사방 팔방으로 삐져나오는데, 그의 몸에서 피가 터져 나왔습니다. 그 남자는 하나님의 말씀을 하나의 비지네스로, 돈을 벌기 위해서 이용했던 목사였다고 했습니다.

★ 도서관 같이 생겼는데 방처럼 보였습니다. 그곳에는 많은 책들이 진열되어 있었는데, '주석 신학', '기독교 연구'등 여러 가지 크리스천 책들이 꽂히어 있었습니다. 거기에는 책상이 하나 놓여져 있었고 어떤 남자가 머리에 너무도 커다란 책(50인치 텔레비젼 크기)을 머리에 이고 있었는데 그 책이 떨어지지 않도록 두꺼운 리본이 그 책과 그 남자의 얼굴에 연결되어 묶고 있었습니다. 그 책에 그 사람은 눌려있었습니다. 그리고 또 계속해서 책을 보고 있었습니다. 그런데 그 책장에 있는 책 안이 펴지더니 그 안에는 구데기, 까만 벌레, 쥐, 바퀴 벌레가 가득했습니다. 그 남자는 그 책들을 다 먹어야 했는데 그 징그러운 벌레들도 다 먹어야만 했습니다. 예수님께 여쭈어 보았습니다. "저 사람은 무슨 죄를 지었나요?"

"저 사람은 목사였는데 자신이 공부한 지식과 인간이 풀이한 지식들을 성경의 말씀보다 그리고 성령의 역사보다 더 믿고 따르던 자이며 '성령의 역사' 즉, 방언의 은사, 예언의 은사, 신유의 은사, 치유의 은사, 그리고 주님께서 주시는 환상과 계시를 인정하지 않으며 그러한 기적들은 예수님의 사도들 때 이미 끝났다고 믿고, 양들에게 그런 성령의 역사는 이미 끝났다고 잘못 가르친 목사다" 라고 하셨습니다. 이것 역시 성령의 훼방죄라고 하셨습니다. 그리고 성령의 역사는 즉, 하나님의 영의 역사는 전이나 지금이나 후에나 다 똑같다고 하셨습니다.

★ 어느 남자가 얼음판 위에 맨몸으로 엎드려 있는데 손목과 발목이 뱀에 묶여 있었습니다. 그 꽁꽁 얼은 얼음판 바로 안에는 여자들의 머리가 잘리어서 얼음판 안에 들어가 있는데 그 남자는 그것을 바로 코 앞에서 바라보아야만 하는데, 그 목이 잘린 여자의 머리 수가 4-5개 정도였으며 약간 젊은듯한 여자들이었습니다. 그리고 그 남자의 생식기는 꽁꽁 얼어있어서 그 남자가 몹시 고통을 당하고 있다고 하셨으며 어떤 두 명의 마귀가 쇠방망이로 그 남자를 위에서 후려쳤으며, 피가 막 나왔습니다. 제가 주님께 여쭤보았습니다. "예수님, 이 사람은 무슨 죄 인가요?" 그는 지금도 아주 이름을 날리고 있는 목사이며 그 얼음 속의 여자들은 그가 범한 여자들이며, 그는 주의 종으로서 성령의 일을 더럽히고 성령의 역사를 훼방 놓은 죄라고 하셨습니다. 그가 속히 회개하지 않으면 이렇게 지옥으로 떨어져서 형벌을 받을 것이라고 주님께서 말씀하셨습니다.

★ 어떤 여자가 유황탕 (유황 못)에 앉아있고, 몇 백마리인지 엄청 많은 지네와 구더기와 각종 벌레들이 그 여자의 얼굴과 몸위를 다 파먹고 있었습니다. 그 여자는

너무도 괴로와서 포기상태에 있었습니다. "주님, 이 사람은 무슨 죄를 지었나요?" 주님께서 말씀 해 주셨습니다.

"그녀는 나의 기름 부은 종의 아내였다. 목사의 사모로서 그녀는 나의 종에게 먹고 살기 힘드니까 하나님의 일을 그만 두라고 하며 목사인 남편을 업신여기고, 존중하지 않으며, 무시했으며, 나의 종이 하나님의 일을 마음 편히 집중하지 못하도록 하나님의 일을 방해한 죄를 저질렀고, 그에 대해서 회개하지 않았다."

★ 어느 남자가 맨 몸으로 있는데 한 손은 뱀이 감고있고 몸도 뱀으로 감겨있는데, 나머지 한 손은 도끼가 그 손을 계속해서 찍어댔습니다. 그는 비명을 질렀으며 손이 도끼에 찍혀져서 없어지면 다시 그 손이 생기고 도끼가 다시 찍어대고 그리고 그 손이 없어지면 다시…계속 반복이 되고 했습니다.

"주님, 이 사람은 무슨 죄를 지었나요?"

그는 자위 행위를 한 남자이며 그것이 죄인 줄 모르고 항상 행했으며 그것에 대해서 회개하지 않았다고 하셨습니다.

★ 성형 수술을 굉장히 여러 번 한 것으로 유명한 죽은 가수가 지옥에서 고통 당하는 것을 보았습니다. 그 가수의 얼굴에 재봉틀이 드르륵, 드르륵 그의 얼굴을 박으면 그는 비명을 지르고 몹시 괴로워하고, 그런 다음에는 얼굴이 한 꺼풀 벗겨지고 그러면 또 그는 아프다고 비명을 지르고, 그러면 다시 재봉틀이 그의 얼굴을 드르륵 박고 그리고 다시 한 꺼풀이 벗겨지고 반복이 되었습니다. 그러니까 하나님께서 어떠한 한 명도 이 세상에서 똑같은 얼굴로 만드시지 않으셨고 하나님의 계획, 주권에 우리가 성형수술이나 문신을 하면, 하나님의 권위와 주권에 도전하는 큰 죄라는 것을

주님께서 말씀해 주셨습니다. 그것이 죄인 줄 모르고 했다면 회개해야 되겠습니다. 안목의 정욕은 죄라는 것을 다시 한번 알게 되었습니다 (요한일서 2:16).

★ 어떤 젊은 남자가 지옥 안의 동굴에 앉아있는데 뱀으로 몸이 감겨져 있었으며 마귀들이 그에게 가서는 지옥에 떨어지게 된 것을 고소해하면서 그에게 하얀 가루의 마약을 주었습니다. 그 젊은이는 그 마약가루를 받아 먹자 그 몸 안으로 들어간 마약 가루가 얇은 실뱀들이 되어서 그의 몸 밖으로 삐져 나왔습니다. 그러자 그의 몸에서 피가 막 나왔으며, 괴로와했습니다. 그리고 계속 그것이 반복되었습니다. 그의 죄는 마약 중독이였으며 그에 대해서 회개하지 않은 것이었습니다.

★ 어느 여자가 손과 발이 뱀에 묶여있는데 지옥의 한 동굴안의 바닥 위에 옆으로 눕혀있었습니다. 마귀 두 명이 와서 그녀에게 아주 크고 두꺼운 담배몇 십개를 한꺼번에 강제로 피우게 했습니다. 그녀는 기침도 할 수 없을 만큼 괴로워하면서 계속 그 담배를 피워야만 했습니다. 그리고 그 마귀들은 그녀를 앞에 있는 유황 못 안에다 던져버리려고 했습니다.

★ 어느 사람이 유황 못에 앉아있고 그 사람의 얼굴과 위의 몸은 온통 여러 종류의 벌레들로 뒤덮혀 있었고 다 갈아먹혀서 해골만 남아 있는데도 그 사람의 오감은 살아 있었어요. 그 사람은 부모의 마음을 아프게 했으며 그것에 대해서 회개하지 않았으며 부모에게 무관심 했던 자식이었다고 했습니다.

★ 역시 얼굴과 상체가 지네와 몇 백 마리의 각종벌레와 구더기로 다 없어지고 있었고 하체 몸은 유황탕에

타서 녹아내리고 있었습니다. 그 사람의 죄는 자식에게 상처를
주고 자식을 사랑하지 않았던 부모 중 한 사람이라고
했습니다.

"하나님은 의로우신 재판장이심이여 매일 분노하시는
하나님이시로다.

사람이 회개하지 아니하면 그가 그의 칼을 가심이여
그의 활을 이미 당기어 예비하셨도다." (시편 7: 11-12)

9. 주님은……그랬다.
실 한 오라기라도 걸치지 않으시고 십자가에
매달리셨다.

"예수님이 제일 좋아하시는 곳은 어디에요?" 라고 제가 물었더니 우리는 나무 십자가가 달려있는 예수님의 보좌로 갔습니다. 예수님은 스크린(화면)을 보좌 옆에서 보여주셨고, 저는 주님의 발아래 앉았습니다. 그러자 저는 갈보리 언덕의 십자가에 달리신 예수님을 만났습니다. 갈보리 언덕의 하늘은 죽은 하늘처럼 어두웠습니다. 갈보리의 예수님은 피 범벅이 되어 계셨고, 토마토 켓찹처럼 끈적끈적하게된 주의 보혈이 그의 온 몸을 덮고 있었으며, 예수님의 두 눈은 피와 모래가 섞여 피딱지가 되어서 잘 눈을 뜨지 못하게 되셨습니다. 그리고 그는 가까스로 안간힘을 다해서 매달려 계셨고 손바닥의 굵은 못은 두 손을 더 찢어지게 만들었습니다. 피가 뚝.뚝.뚝….십자가 밑의 흙은 온통 피바다가 되었습니다. 저는 십자가에 너무도 고통스럽게 매달려계신 예수님의 앞에 서 있었습니다. 저는 녹이 쓸어버린 대못이 박힌 주님의 발등에 저의 입술을 대고, 발에 입맞춤을 했는데 예수님의 핏방울이 저의 하얀 드레스에 묻게 되었습니다. 저는 고통스러워하시는 예수님과 그 십자가 아래에서 억장이 무너지는 죄송함을 느꼈습니다. 그리고 주님은 실 한 오라기도 걸치지 않은 모습으로 마치 이 세상에서 천벌을 받은 사람처럼 주님을 조롱하는 사람들 앞에서 그렇게 매달려 있었습니다. 나의 창조주가 거기에 그렇게 계실 이유가 없었는데, 우리의 창조주가 그렇게 안간힘을 쓰시며 겨우겨우 매달려 있었는데, 그의 몸은 마치 칼로 회를 친 것처럼 양쪽 몸이 다 채찍질에

맞아서 갈라지고 찢어져 있었습니다. 그가 고개를 뒤로 젖히자
기다란 가시로 만들어진 가시관의 가시가 주님의 머리
뒷부분의 십자가 나무와 부딪혀서 그 긴 가시가 주님의
뒷머리에 깊숙이 들어갔습니다. 그분의 종아리에는 심줄이
일어났는데 터질 것 같이 다 올라와 있었고, 다리는 빨간 파란
멍들이 여기 저기 나 있었습니다. 그 위는 피가 범벅이되어서
까매지고 있는 주님의 발의 색깔과 함께 진한 죽은 자주색이
되어버려서 몹시도 고통스러워 보이셨습니다. 발목에 박힌
녹슨 못의 균이 주님의 온몸의 심줄로 타고 들어가 주님은
오한과 열이 동시에 나서 어지러움, 쓰라림, 너무 아파서
얼얼함, 관통한 못에다가 자꾸만 중력 때문에 주님의 몸이
내려만가서 양손이 자꾸만 더 찢어져갑니다. 주님의 몸이 자꾸
아래로 아래로 내려갑니다. 아…..지탱하는 것이 너무
고통스럽습니다. 모래바람이 불 때마다 주님의 갈라지고
찢어진 상처를 더 아리게 했습니다. '지가 하나님의
아들이라며, 왜 저러고 있는거야? 하하하하….' 비난을
보내는 버림 받은 백성들, 해냈다라고 생각하고 있는
바리새인들. 술을 마시며 주님의 옷과 속옷을 제비 뽑아 나눠
갖고 주님을 한심하다고 생각하면서 '깔깔깔' 거리며 놀이하고
있는 로마 병정들. 주님의 아래에서 부르르 떨리는 슬픔과
고통을 아랫입술을 꼭 깨물며 참고 계시는 어머니 마리아.
하도 울어서 눈이 탱탱 부어버린 막달리나 마리아. '주님,
그때가 되면 저에게 자리하나 주실거죠?' 라고 속으로
물어봤던 사도 요한은 주님의 고통 아래에서 내가 어찌 그런
염치 없는 것을 나의 주님께 속으로 바랬을고? 나의
주님이여…하며 만가지 만만가지의 기적을 보여주셨던
하나님이 인류의 구원을 위하여 고통 속에 사랑의 인내를

86

하고 계시는구나를 생각하고 있습니다. 십자가위에서의 주님은 누가 구원을 받을 것인지 누가 그 어두운 지옥에 갈 것인지를 다 감지하고 계셨습니다. 그래서 더 목이 말라하셨습니다. 누가 나의 아이들을 구하러 갈 것이냐? 모든 걸 내려놓고 누가 갈 것이냐? 나의 사랑하는 아이들이 죽어가고 있는데…내가 상으로 다 갚아주리라. 너희가 기대한 것보다도 더, 더 큰상을 주겠다. 누가 나의 죽어가는 아이들을 위하여 가 줄 수 있겠느냐. 누가 나의 아이들 좀 구해다오. 제발 제발…..하시며 저의 앞에 계신 갈보리 십자가 위의 예수님은 우셨습니다.

주님의 입술은 누군가의 주먹에 세게 맞아서 멍이 생겼는데 입술가의 한 쪽에서 노란 고름 같은 것이 나왔습니다. 나의 아이들이 죽어간다. 누가 내 대신 가서 제발 나의 아이들을 살려다오. 나의 아이들이 지옥으로 가고 있다.

서 있던 저는 주님의 고통 앞에서 서 있을 수가 없어서 그 아래에 무릎을 꿇었습니다. 제가 나의 주님을 그렇게 만들었기 때문입니다. 저의 하얀 드레스는 어느새 주님의 보혈에 물들어 빨간 생명의 색으로 되어버렸습니다.

주님은, 그랬습니다.

실 한 오라기도 걸치지 않은 채 십자가 위에서 모욕을 받으셨습니다.

저와, 여러분을 위해서.

10. 외계인이 있을까요, 없을까요?

내가 그럴 줄 알았어. 천국과 지옥을 다녀왔다고 하더니, 이젠 또 제목이 뭐야? 외계인이 있게요___ 없게요___? 아이고 참, 홍혜선 헬레나, 도대체 누군데 이렇게 shocking(충격적인) 얘기만 하는 거야?????????????

저도 알아요. 하지만 어찌 하겠어요? 주님이 다 쓰라고 하시니, 제가 무슨 힘이 있나요. 그냥 주님이 이거 해라 하면 이거 하고, 저거 해라 하면 저거하는 거지요. 왠지 아세요? 나중에 천국에 가서 예수님하고 함께 있을 수 있다면 그냥 뭐든지 우리 하나님 아버지가 하라는 데로 할 수 있어요. 순종? 그 순종이란거... 할 수 있겠어요.

여러분, 솔직히 아직 천국이 실감 안 나지요?

저도 오늘 이 시간(2013년 6/15)까지 총 약 800번 주님 만나서 천국도 가보고 지옥도 봤지만, 사실 무지무지 천국이 크다는데 조금 밖에 더 되겠어요?

주님께서 저에게 항상, 오늘은 어디 가고 싶니? 하시면 처음에는 재밌고 황홀한 곳에 가고 싶어서 새로운 것을 원했지만, 몇 번째 부터인가 그냥 주님 어깨에 제 머리를 기대고 주님의 구멍난 손을 잡고 가만히 주님의 따뜻한 사랑을 느끼고 싶어지더라고요. 사실 저에게 요한계시록인가에 나오는 예루살렘 성의 12문인가요? 보여주셨지만 전 별로 관심이 없었어요. 왜냐하면 그분은 너무 사랑이라서, 그분은 너무너무 사랑 그 자체라서 그냥 그분하고만 있으면 제가 인생에서 겪었던 모든 아픔이 다 하나씩 녹아 내렸습니다. 그분은 왜 그렇게 사랑이지요? 그분은 왜 그렇게 짝사랑만 하시지요? 우리는 그분에게 그 동안에 뭔가를 달라고, 나의

89

꿈을 이루어달라고 그분의 이름으로 기도했는데...나의 고통을 없애달라고, 나를 위해서 기도하고, 우리는 그분의 마음은 신경도 안 쓰고, 그분을 믿는다고 하면서도 그분의 말씀을 우리가 지키는지 안 지키는지 신경도 안 썼는데…그랬던 제가, 그랬던 제가 지금도 그분이 나의 주님이 너무나 보고 싶습니다. 그래서 눈물이 막 나옵니다. 그분은요... 우리에 대해서 모르시는 것이 없이 완벽하십니다. 나의 마음을 굳이 표현할 필요가 없습니다. 난 지금도 그분이 나의 주님이 너무 보고 싶습니다. 지옥이요? 그래요. 형벌이 아프고 고통스럽겠죠. 하지만 사실 더 아픈 고통은 뭔지 아세요? 아담의 눈물처럼 우리가 지옥가면 그분을 영원히 볼 수 없다는 것입니다. 그분은 몇 천년을 우리에 대해서 짝사랑만 해 오셨어요. 사실 주님은 저처럼 울보셨습니다. 저에게 지옥을 보여주시고 나서는 저를 위해서 저의 궁전에서 피아노를 쳐 주시면서 눈물을 글썽거리셨습니다. 그분의 눈물은 다이아몬드 같았습니다.

"너희가 나를 사랑한다면 지옥에 오지 않을 것이다. 너희가 나를 사랑한다면 지옥에 오지 않을 것이다. 너희가 나를 사랑한다면 지옥에 오지 않을 것이다…"

주여, 인간이 무엇이기에 이토록 우리를 사랑하시나이까? 인간이 무엇이기에 이토록 우리를 포기하지 않으시고 끝까지 사랑을 해 주시나이까? 우리는 주님께 해 드린 것이 아무것도 없는데, 지금의 상태이면 우리가 지옥에 갈 것이고 우리가 지옥에 가면 우리를 못 보시니까 우리를 영원히 당신께서 준비한 그 아름다운 곳에서 함께 살고 싶으셔서 이렇게 저희를 천국과 지옥을 실제로 보여주시면서 우리 모두에게 기회를 주시다니요. 왜 우리는 주님처럼 사랑하지 못하지요?

왜 우리의 마음은 이렇게 강팍하지요? 왜 우리는 당신을 떠났었죠? 왜 우리는 이렇게 멍청하지요? 파랑새가 내 마음 속에서 내가 바라봐 주기만을 기다리고 있었는데, 저는 저의 인생 평생을 파랑새를 찾아 헤맸습니다. 내가 찾던 그 파랑새가 성령의 모습으로 내 안에 이미 와 있었는데, 저는 바보같이 당신이 제 안에 와 계신 줄을 모르고 평생을 헤맸습니다. 저의 인생을 낭비한 것을 용서하소서. 당신이 바로 내가 꼭 필요로했던, 내가 꼭 그리워했던, 꼭 나에게 안성맞춤인 나의 파랑새가 당신이었음을 이제 알았나이다. 주님, 나의 주인이여. 지금 어디에 계시나이까. 지금도 제 가슴 속에 계시지요? 주님이 아니였더라면, 저도 저의 죄악으로 지금쯤 저 어두운 곳에서 영원한 외로움을 느끼고 있을 텐데. 당신은 저를 살려주셨습니다. 나의 주인이여. 나를 구원하신 나의 모든 것이여. 주께서 아프리카에 가라면 가겠습니다. 주님이 언제나 영원히 저를 떠나지 않아주신다면 주님이 가라는 곳으로 가겠나이다. 주님과 그 곳에서 영원히 있을 것인데, 주님이 나와 함께 해 주실 것인데 순교가 뭐가 그리 두렵겠습니까. 저를, 우리를 사랑해 주셔서, 우리의 이 못난 인생들에 찾아와 주셔서 감사하나이다. 이제는 화려한 곳이라도 세상 사람들이 동경하는 곳이라도 당신이 안 계시면 가고싶지 않습니다. 그러나 사람들이 가기 싫은 곳에라도 당신이 함께 해 주신다면 가겠나이다. 당신이 너무 보고 싶습니다. 진리의 영으로 찾아오신 나의 성령이여…나의 예수 그리스도여…나의 구세주여…나의 하나님이여…당신을 평생 못 본척하고 당신을 평생 무시 했는데, 그래도 제 안에서 끝까지 떠나지 않으시고 기다려주셔서 감사드리나이다. 나의 주인이여, 나의 반려자여. 당신이 진짜 저의 짝인 줄을 모르고 당신에게 예쁘게 보여드려야할 나의 세마포만 더럽혔나이다. 나의 영원한 신랑이여. 나를 끝까지 기다려 준 나의 낭군이여…당신이 나의 진짜 짝인 줄도 모르고 저 동네 밖으로 나의 짝을 찾아 돌아다녔습니다. 나의 영원한 반려자인, 나를 지으신 나의 남편을 난 이제 그 아름다운 곳에서 당신과 영원히 살 때까지 당신의 애기만, 당신의 그 사랑만을 자랑하겠나이다. 당신이 저를 지금까지 기다려 주신만큼, 아니 그보다 더 당신에게 충실한 사랑으로 보답하겠나이다. 이제는 당신 아닌, 나의 진짜 신랑이 아닌 다른 이가 날 속여 당신과 나를 갈라놓으려고 하더라고 난 당신과 떨어지지 않겠나이다. 당신만이 나의 쉴 곳이며, 나의 종착역이자 나의 출발점인 것을 알았기 때문입니다. 나를 끝까지 기다려 주신 나의 아름다운 신랑이여, 나의 부족한 미천한 사랑을 받아주소서. 당신을 향한 나의 새로운 마음을 부디 의심하지 말아주소서. 당신이 내 안에 내가 당신 안에, 당신이 나를 알고 제가 감히 당신을 바라보며 저의 더럽혀진 세마포를 다시 빛나는 순백색으로 만들어 당신께 선보이겠습니다. 저의 아름다운 세마포 입은 모습을 기다려주시옵소서. 당신께 꼭 아름다운 저의 최고의 모습을 보여드리고 싶습니다. 나의 사랑이여, 나의 생명이여, 나의 부활이여………

주님은 조심스럽게 제가 기도하는 중에 오셔서 주님과 함께 불마를 타고서 저 끝없는 우주를 보여주셨습니다. 별들이 너무 많아서 별들에 부딪힐 것만 갔았는데….별이 너무 많고 빛났습니다. 그것도 다 우리 주님이 만드셨구나라고 생각했습니다. 그는 정말 창조주였습니다. 그리고는 우리는 어느 한 별에 가볍게 내렸습니다. 그런데 거기에 내가 영화에서 잠깐 봤던, 내가 인터넷에서 잠깐 보았던 다른 별의 생명체들이 몇 명 서 있었습니다. '드디어 올 것이 왔구나'라고 생각했습니다. 전에 이 세상에 다른 별에는 인간 아닌 다른 생명체가 산다고, 어느 목사님이 사진을 보여주신 적이 있었습니다. 이왕이면 좀 이쁘고 아름다우면 더 재미있었을 텐데. 그 다른 별에 사는 생물체는 미국영화 ET와 거의 똑같게 생겼습니다. 저는 그 영화를 본적이 없습니다. 왠지 그냥 안 봤습니다. 그래요. 어떤 분의 동생의, 친구의 아버지께서 세계에서 유명한 과학연구실에서 일하셨던 적이 있는데 비행접시(UFO)가 지구에 추락해서 그 외계인들을 해부했었다고 들었었습니다. 그리고 그 외계인들이 그 과학연구실하고 계약을 맺어서 그 외계인들이 갖고 있는 무기 기술이랄까 그런 기술을 주는 대신에 인간측에서는 이 지구상에 있는 동물들을 잡아다가 해부를 할 수 있게 해주는 조건인데, 그 나쁜 사람들이 인간 실험도 허락을 해서 그 외계인들이 납치된 인간들을 실험한다고 들었습니다. 그래서 저는 믿음의 은사인지 순수해서 인지 그 이야기를 듣고 가끔 기도할 때 '예수의 이름으로 명하노니 지구에 있는 모든 외계인들은 결박당하고 지구를 떠나 각자의 별로 갈지어다'하며 기도로 명령합니다. 그런데 여기서 재미있는 것은, 예수님을 영접한 사람 (크리스천)들은 절대로 그들이 납치를 못한다는 것입니다. 왜냐하면 외계인들은 예수님을 영접한 사람들 안에 계신 성령의 에너지, 능력, 힘을 알기 때문에, 느끼기 때문에 크리스천을 두려워한다는 것입니다. 저와 예수님이 별에 불마로 내렸을 때 그 외계인은 저와 주님을 보고 상당히 두려워했습니다. 그 외계인은 저를 제대로 쳐다보지 못했고 슬슬 저쪽으로 피하는 것을 느꼈습니다. 예수님과 함께 처음으로 다른 별에서 외계인을(ET와 똑같이 생긴) 보여주셨을 때 저는 별로 기쁘지 않았어요. 그리고 며칠 지나서 주님은 두 번째로 저를 그 별에 또 데리고 가셨습니다. 그래서 제가 한번 속으로 기도해봤습니다. "예수 이름으로 명하노니 결박 받고 떠나갈 지어다"(마가복음 16:17). 그러자 그 외계인은 나와 주님 앞에서 사라졌고, 한번 더 위에 있던 약간 빛이 나는 비행접시에 대고 "불! (성령의 불)", 그리고 "예수이름으로 명하노니 떨어질지어다"하니까 빛을 잃더니 뚝 땅으로 떨어졌습니다. 그래서 저는 주님에게 처음에는 외계인이 있다는 것을 알았어도 외계인의 존재이유에 대해서 약간 불만이 있었지만, 이 세상의 악한자들이 외계인을 똑똑하다고 생각하는데 외계인들은 오히려 예수님을 영접한, 성령을 모시고 있는 우리들을 두려워한다는 것을 보여주고 싶으셨던 것 같습니다. 제가 본 외계인들은 사탄과도 같이 제안에 계신 성령 때문에 저를 정말 두려워했습니다.

그리고 난 생각 했습니다. 그렇다면 UFO 영화와 외계인의 영화를 제작한 사람들은, 이 비밀을 미리 오래 전부터 알고 있었다는 이야기인가?

또 한가지, 그 외계인들이 나와 예수님을 보고 두려워 떨었다는 것은, 하나님께서 외계인을 창조하신 것이 아니라 사탄이 불법으로 무엇인가를 행하였다라는 것을 감지 할 수 있었습니다. 그리고 창세기 6장 4절의 말씀을 성령님께서는 생각나게 하셨습니다.

"당시에 땅에는 네피림(히브리말로 '타락한 천사'라는 뜻임)이 있었고 그 후에도 하나님의 아들들이 사람의 딸들에게로 들어와 자식을 낳았으니 그들은 용사고 고대에 명성이 있는 사람들이었더라." (창세기 6:4)

94

그리고 주님께서 말씀하셨습니다. 외계인과 접속하여 대화하는 사람들이나 자신의 입을 빌려주어서 외계인으로 하여금 말하게 하는 사람들은(외계인과 튜닝하는 자들) 천국에 올 수 없다고 하셨습니다. 혹시라도 외계인의 출현을 보았을 때는 "예수 그리스도의 이름으로 명하노니 떠나가라고 명령하라"고 하셨습니다. 외계인들은 사람들에게 접촉하여서 "너희가 믿는 그는(예수 그리스도) 선지자이지 구세주가 아니다"하면서 속이는 것을 목표로 한다는 것을 알게 하셨고, 외계인은 "예수 그리스도"라는 이름을 매우 두려워한다는 것도 알게 하셨습니다. 마귀들처럼 말입니다.

"다섯째 천사가 나팔을 불매 내가 보니 하늘에서 땅에 떨어진 별 하나가 있는데 그가 무저갱의 열쇠를 받았더라

그가 무저갱을 여니 그 구멍에서 큰 화덕의 연기 같은 연기가 올라오매 해와 공기가 그 구멍의 연기로 말미암아 어두워지며

또 황충이 연기 가운데로부터 땅 위에 나오매 그들이 땅에 있는 전갈의 권세와 같은 권세를 받았더라

그들에게 이르시되 땅의 풀이나 푸른 것이나 각종 수목은 해하지 말고 오직 이마에 하나님의 인침을 받지 아니한 사람들만 해하라 하시더라

그러나 그들을 죽이지는 못하게 하시고 다섯 달 동안 괴롭게만 하게 하시는데 그 괴롭게 함은 전갈이 사람을 쏠 때에 괴롭게 함과 같더라

그 날에는 사람들이 죽기를 구하여도 죽지 못하고 죽고 싶으나 죽음이 그들을 피하리로다

황충들의 모양은 전쟁을 위하여 준비한 말들 같고 그 머리에 금 같은 관 비슷한 것을 썼으며 그 얼굴은 사람의 얼굴 같고

또 여자의 머리털 같은 머리털이 있고 그 이빨은 사자의 이빨 같으며

또 호심경 같은 호심경이 있고 그 날개들의 소리는 병거와 많은 말들이 전쟁터로 달려 들어가는 소리 같으며

또 전갈과 같은 꼬리와 쏘는 살이 있어 그 꼬리에는 다섯 달 동안 사람들을 해하는 권세가 있더라

그들에게 왕이 있으니 무저갱의 사자라. 히브리어로는 그 이름이 아바돈이요 헬라어로는 그 이름이 아볼루온이더라."

(요한계시록 9:1-11)

"너는 내게 부르짖으라 내가 네게 응답하겠고 네가 알지 못하는 크고 은밀한 일을 네게 보이리라." (예레미아 33:3)

"주 여호아께서는 자기의 비밀을 그 종 선지자들에게 보이지 아니하시고는 결코 행하심이 없으시리라." (아모스 3:7)

11. ♪♪♪ ♩ 빠빠라빵 빠빠빠 빠바라방━━━━━━━
♪♪♪ ♩ 예수님께서 직접 주신 행동 리스트 10.

No 1. ☞ 온 세상 아이들이 심한 박해 전에 하늘에 들리움 (휴거) 될 수 있게 기도하라……환난 때에 주님께서 계획 때문에, 휴거 안된 남은 사람들을 도우라고 일부러 남기실 사명자가 아닌 사람들 중에서, 자신의 세마포를 깨끗하게 준비하지 못한 사람들은 즉, 성령으로 거듭나지 못한 사람들은 휴거 때 하늘로 들리움을 못 받을 것이다. 그 사람들에게 환난을 겪는 것이 매우 힘들 것인데, 아이들은 오죽 고통스럽겠는가? 온 세상 아이들을 위해 대신 회개 기도하라.

No 2. ☞ 아프리카, 동남 아시아 (라오스, 미얀마 등) 죽어가는 아이들 위해서 기도하고 선교 나가라…….아이들이 복음을 듣기도 전에 굶주림에 시달려서 죽어가고 있다. 너희들의 배만 채우지 말고, 사치하지 말고, 그들을 영적으로도 물질적으로도 도와라. 시간이 급하다.

No 3. ☞ 전세계의 선교사들을 위해서 기도하라. (이스라엘, 이란, 이라크, 러시아, 북한, 중국, 일본, 아프리카, 남미 등)…….그들을 기도로써, 물질로써 도와라. 너희의 상이 크리라.

No 4. ☞ 세상 모든 사람들이 회개하고 예수님을 믿도록 기도하고, 가장 가까운 사람들도 포기하지 말고 전도하고 사랑을 주어라……너희들에게 사랑이 없으면서, 주 예수님을 전하는 것은 어불성설이다. 너희들에게 만나게 해주는 사람들은 하나님께서 그들을 일깨우라고, 회개 할 때라고 알려주라고 만남의 축복을, 관계의 회복의 축복을 주는 것이다. 어느 한 사람이라도 그냥 지나치지 말며 진심으로 영혼을 사랑하는 마음으로 기도 해 주고 또 기도 해 주어라. 지금은 은혜의 때이다.

No 5. ☞ 기독교 주의 종들을 위하여 기도하여라. 돈, 여자, 명예 때문에 많은 이들이 회개하지 않으면 지옥에 가게 될 것이다………지금 사탄과 마귀들은 마지막 때가 점점 다가옴으로 목사들을 더 집중 공격해서 교회 자체를 무너뜨리고 그 교인들도 함께 지옥에 떨어지게 하려고 혈안이 되어있다. 사탄이 가장 싫어하는 것은 너희들이 그리스도의 사랑 안에서 하나가 되는 것이다. 서로 비판하거나 헐뜯거나 싸우면 너희들은 사탄을 도와주는 것이며, 너희도 결국 지옥으로 가게 되니, 서로 바다와 같은 넓은 마음으로 사랑해 주고 너그럽게 대해주어라. 너희들은 서로 적이 아니라, 사탄이 너희의 적이니라. 알겠느냐?

No 6. ☞ 로마 가톨릭 (천주교)에는 양의 탈을 쓴, 나의 양들을 속이는 사탄의 정치 세력이 숨어있다. 천주교에 있는 나의 사랑하는 양들이 그들에게 속지 않게 기도하라………지금 온 세계의 종교를 하나로 만드려는 그들의 숨은 계략에 속지 말아라. 누구든지 예수 그리스도를 통하지 않고는 아무도 하나님 아버지께 갈 수 없다라는 것을 너희가 모르는 것이냐? (요한 복음 14:6) 예수 그리스도 없이도 구원이 있다고 얘기하거나 종교(불교, 이슬람교, 다른 종교 등등)를 예수 그리스도 없이 천주교와 하나로 만들려는 것은, 모든 정부를 하나로 만들어서 통치하기 쉽게 적그리스도에게 바치려는 그들의 음모라는 것을 영적인 눈으로 깨달아라. (천주교 신자 분들은 이리유카바 최의 그림자 정부<정치편>, <경제편>과 데이빗 차의 <마지막 신호>를 꼭 읽어보십시요.)

No 7. ☞ 헐리우드에 관계된 모든 이들이 회개하고 예수님을 믿고 구원 받을 수 있도록 기도 해 주어라. 많은 이들이 회개치 않으면 지옥행이 될 것이다.....하나님 보다 돈과 섹스를 더 사랑하면 어느 누구도 하늘나라에 들어 올 수 없다. "살리는 것은 영이니 육은 무익하니라. " (요한복음 6:63)

No 8. ☞ 사람들이 칩, 이마에 바 코드를 받지 않게 기도하고 그것을 받으면 영을 사탄에게 파는 것이라고, 그것이 요한 계시록 (13:16-18)에 나오는 짐승표라는 것을 만방에 알리거라…… "너희의 인내로 너희 영혼을 얻으리라." (누가복음 21:19)

No 9. ☞ 서로 사랑하여라. (요한복음 13:34) 너희가 예수 그리스도 사랑 안에서 하나가 되는 것이 강해지는 것이며 마귀는 그것(너희가 서로 사랑하는 것)을 가장 싫어한다……

No 10. ☞ 두려워하지 말고 철야기도와 새벽기도 하여라. 철야기도하는 자들에게는 내가 오기 한달 전부터 나팔 소리를 듣게 해 주겠다.….. "형제들아 너희는 어둠에 있지 아니하매 그 날이 도둑 같이 너희에게 임하지 못하리니, 너희는 다 빛의 아들이요 낮의 아들이라. 우리가 밤이나 어둠에 속하지 아니하나니 그러므로 우리는 다른 이들과 같이 자지말고 오직 깨어 정신을 차릴지라." (데살로니가전서 5:4-6)

12. 나의 천국과 지옥의 여정 첫 번째 이야기를 마치면서

『나의 천국과 지옥의 여정/My Voyage to Heaven and Hell Vol. I』 1권을 이렇게 마무리 합니다.

저의 천국과 지옥 간증을 읽으시고서 여러분이 지금 어떤 느낌을 가지고 계시는지 상상할 수 있습니다. "이 작가가 간증하는 것이 사실이라면 과연 누가 진짜 천국에 갈 것인가?"

제가 입신해서 고린도후서 12:2의 사도 바울처럼 천국과 지옥을 방문했다고 해서 제가 죽은 후에 천국이 보장되는 것은 아닙니다. 저도 여러분과 같이 죽을 때까지 좁은문으로 걸어가야하기 때문입니다.

저도 여러분처럼 알게 또는 의식하지 못하면서 죄를 매일 짓습니다. 왜냐하면 우리는 죄성을 가지고 태어났기 때문입니다. 그러나, 하나님의 어린양이신 예수 그리스도의 보혈의 은혜로 저의 죄가 씻기어집니다.

저의 죄성을 인식하면 인식 할수록 예수 그리스도를 통한 신비로운 구속에 더 의존하게 되고, 이 진실이 저를 겸손하게 만듭니다. 저의 거듭남은, 그리고 우리의 거듭남과 성화는 우리가 죽어서 천국에 도달 할 때까지 계속 진행될 것입니다.

저는 여러분이 이 책을 읽으시고 난 후에 실망하거나 낙담하는 것을 원하지 않습니다. 오히려 우리들의 본향인 천국, 에덴 동산을 향한 진정한 소망을 품게 되시기를 소원합니다.

혹시 우리가 돈을 많이 소유하고 있지 않더라도, 혹시 우리가 사랑하는 사람들을 잃었다 할지라도, 혹시 우리의 꿈이 이루어지지 않았다 할지라도, 혹시 우리의 인생이 우리의 처음의 계획과는 다르게 되었다 할지라도, 혹시 우리가 하나님을, 성령님을 직접 우리 눈으로 볼 수 없다 하더라도, 혹시 어떤 이가 너무나도 미워서 죽이고 싶다 하더라도, 혹시 이 세상에 생존하는 것이 너무나도 지쳐서 힘이 없다 하더라도, 혹시 아무도 우리에게 관심을 가져주는 이가 없다 하더라도, 혹시 왜 하나님이 당신의 전능하신 힘을 악한자들에게 당장 보여주시지 않는지 이해가 안 된다 하더라도, 혹시 크리스천이 아닌 자들이 왜 예수만이 오직 구원의 길인지를 이해 못한다 하더라도, 우리의 하나님이신 예수 그리스도는 천국에서 찢어진 마음과 눈물로 우리를 기다리고 계십니다.

심지어 제가 천국에서 본 것들을 영화로 만든다 할지라도, 천국 그대로를 표현 할 수 없을 것입니다. 왜냐하면 진짜 천국은 우리들의 상상을 초월하기 때문입니다.

하나님 아버지께서 그저 원하시는 것은 우리 모두가 회개하여 우리를 위하여 손수 준비하신 천국에서 영원히 함께 사시는 것입니다. 그 곳에 도달하는 티켓을 주님께선 이미 주셨습니다.

그 티켓은 바로 예수 그리스도이십니다.

"너희가 나를 사랑한다면 지옥에 가지 않을 것이다.
너희가 나를 사랑한다면 지옥에 가지 않을 것이다.
너희가 나를 사랑한다면 지옥에 가지 않을 것이다."

"너는 이것을 알라. 말세에 고통하는 때가 이르러

사람들이 자기를 사랑하며 돈을 사랑하며 자랑하며 교만하며 비방하며 부모를 거역하며 감사하지 아니하며 거룩하지 아니하며

무정하며 원통함을 풀지 아니하며 모함하며 절제하지 못하며 사나우며 선한 것을 좋아하지 아니하며

배신하며 조급하며 자만하며 쾌락을 사랑하기를 하나님 사랑하는 것보다 더하며

경건의 모양은 있으나 경건의 능력은 부인하니 이 같은 자들에게서 네가 돌아서라."

(디모데후서 3장 1절-5절)

아멘.

작가에 대하여(About the Author)
홍혜선 aka 홍헬레나

한국 서울에서 태어나 일본 유학 후, 미국에 와서 UCLA에서 학사과정으로 언어학과(Linguistics)를 졸업하였다.

현재 미국 훌러 신학 대학교(Fuller Theological Seminary)에서 선교문화 (Intercultural Studies) 석사 과정 중에 있으며,

한국의 연극문화 선구자인 홍해성, 우리나라 최초 연극 연출가의 친손녀로서 미국에서 지난 12년간 연극, 뮤지컬을 통해 배우로서 작가, 연출가로 선교문화 활동을 하였다.

선교 동원 사역으로 아프리카의 케냐, 가나 등 15 나라를 섬기고 있으며, 현재 미국 헐리우드(Hollywood)에서 영화배우와 시나리오 작가로서 활동, 그리고 제작을 맡고 있다.

저서로는 My Voyage to Heaven and Hell (1)외에 Job and His Friends (욥과 그의 친구들), 나의 천국과 지옥의 여정 두 번째 이야기 등이 있다.

My Voyage
to
Heaven and Hell

Hae Sun Hong

About the author

Hae Sun Hong, also known as Helene Hong, was born in South Korea and came to the United States after she studied in Japan. She went to the University of California in Los Angeles for her B.A. in Linguistics, and at present is studying at the Fuller Theological Seminary for her M.A. in Intercultural Studies.

She was raised Catholic but converted to Protestant when she encountered a crisis in her life. While she had to walk in a desert in her life, she was able to meet the Lord Jesus Christ more closely and deeply, and she received the gift of seeing Heaven and Hell in Spirit.

She has been acting in theatre for the last 12 years, and produced musicals and dramas for stage for the Cultural Mission in Los Angeles, California.

Bookstand Publishing

CPSIA information can be obtained
at www.ICGtesting.com
Printed in the USA
BVHW061457261221
624769BV00008B/519

9 781618 637116